颠覆与重构

所有生意都可以重新再做一遍

胡华成 / 著

中国科学技术出版社

·北 京·

图书在版编目（CIP）数据

颠覆与重构：所有生意都可以重新再做一遍 / 胡华
成著 . — 北京：中国科学技术出版社，2022.11（2023.1 重印）
ISBN 978-7-5046-9802-5

Ⅰ.①颠… Ⅱ.①胡… Ⅲ.①创业—案例—中国
Ⅳ.① F279.23

中国版本图书馆 CIP 数据核字（2022）第 169686 号

总 策 划	秦德继		责任编辑	何英娇
策划编辑	何英娇		版式设计	蚂蚁设计
封面设计	马筱琨		责任印制	李晓霖
责任校对	焦　宁			

出　　版	中国科学技术出版社
发　　行	中国科学技术出版社有限公司发行部
地　　址	北京市海淀区中关村南大街 16 号
邮　　编	100081
发行电话	010-62173865
传　　真	010-62173081
网　　址	http://www.cspbooks.com.cn

开　　本	880mm × 1230mm　1/32
字　　数	150 千字
印　　张	8
版　　次	2022 年 11 月第 1 版
印　　次	2023 年 1 月第 2 次印刷
印　　刷	北京盛通印刷股份有限公司
书　　号	ISBN 978-7-5046-9802-5/F·1955
定　　价	69.00 元

自序

光阴似箭，岁月如梭，转眼间已到不惑之年。回首人生种种经历，虽然谈不上成功，但一直奋斗在追求成功的路上。

只不过我定义的成功跟大家可能有所不同，因为我不认为一个人通过创业实现财富自由才是成功，真正的成功应该是帮助更多的人走向成功，这样的人生才更加值得回味。

当我真正领悟到了成功的真谛之后，我发现自己释然了，再也不会被焦虑困扰，每天都元气满满。

最近几年，由于工作重心转移，专注于新商业模式策划工作，我接触到了数百位创业者，他们经常会问我同一个问题："胡总，你真的好神秘呀，每天工作量那么大，你是如何保持快乐心情的？我每天都焦虑得要死，真的好想彻底了解一下你呀！"

随着被问到的次数越来越多，我一直想找个机会好好分享一下我个人的一些成长片段以及思维转变后的一些思考，希望可以给创业者一些启发和帮助。

● 出身低微，巧遇贵人

我是江苏宿迁人，1978年出生，如今也算出走半生，只是暂时工作重心还未回到宿迁。

提到宿迁这个地方，我的老乡——北京京东世纪信息技术有限公司（简称"京东"）创始人刘强东已不止一次在公开场合表示，曾经的宿迁，很多地方经济落后，小时候能吃到外婆做的猪肉拌饭就是最开心的事了。

作为同一个地方的人，我的家庭条件比当时刘强东家也好不到哪里去，甚至可能会更差。

14岁那年，为了减轻家里的负担，初中还没毕业的我就毅然决然地辍学去打工，希望通过自己的双手可以帮助家人过上更富裕、更有尊严的生活。

可是就在出发前，我犯起了愁，因为家里连我去打工的路费都没有。最终在亲戚朋友那里借来了几十元，与朋友一起踏上了去往无锡江阴的打工之路。

初到江阴，我被眼前的高楼大厦震惊了，除了震惊也有一丝丝惶恐。因为我不知道自己能做些什么，又有谁愿意收留我。

由于年龄小，尚处于童工范畴，没有老板敢冒险用我，因此一连几天工作都没有着落。好在当时处于夏季，居无定所的我还能在公园的长椅上对付几个晚上。

当时我想的是，如果实在没人要，我就先回家帮家里人种两年地。就在我即将放弃在外闯荡的时候，我遇到了人生中的第一个贵人，他不仅收留了我，还给我提供了一份浴场服务员的工作。虽然工资每月只有400元，但那是我人生中最有分量的400元。

也正是贵人的帮助，让我进入了一个成年人的世界，并开始用成年人的思维来思考这个世界是如何运转的。

● 挖掘人生中的第一桶金

作为一名浴场服务员，我每天主要面对两类人，第一类就是自己的同事，另一类就是浴场的客户，我们称为"老板"。

由于当时年龄较小，再加上自己对钱没有概念，我养成了一个爱请客吃饭的习惯。每次发了工资，我都会请与我关系比较好的几个同事一起吃饭。久而久之，同事也愿意传授给我一些行业的秘诀，教我怎样把事做得又快又好。

对待浴场的客户，我也喜欢听他们的分享，并在合适的时候插上一句话，在服务上更是比其他同事更加周到，因此，很多"老板"到了浴场也会直接找我。这让我也渐渐赚到了比同事更高的工资。

说实话，当其他同事都在赚400元的月薪时，我已经拿到了600元的月薪，我甚至因此有点小自满。

可是这种自满很快就被一件事彻底打击没了。20世纪90年代，浴场里发工资都是直接发现金的。在发工资的时候，我惊呆了：有个人竟然拿到了6000元的月薪。

这是什么概念？这些钱几乎相当于我一年的收入。我立马就被现实打醒，意识到了人们常说的那句话："天外有天，人外有人。"

很快，我就找到了收入最高的那位技师，拜他为师。在我一轮又一轮的"糖衣炮弹"袭击之下，他终于同意收我为徒。

果然"名师出高徒"，只用了3个月的时间，我就让自己的月薪达到了3000元。当我拿到3000元的月薪时，我开心了好久，因为我的父母全年收入还不到10000元，一想到可以补贴家里了，我就感觉幸福满满。

不过，我当时还有一个信念：争取超过师傅的工资。可是我发现无论怎么努力，我最多也就每月赚4000元，好像这就是我能力的极限了，而且每天都特别累。

正在我为此事苦恼的时候，一位客户彻底点醒了我，他说："老板们为什么赚得比员工多？不是因为他们的能力有多强，而是因为他们愿意给更多人提供赚钱的机会，有更多人在帮他们赚钱而已。"

当听到这句话的时候，我真的像是被雷击中了似的，猛然惊醒。

从那以后，我便不再通过出卖自己的时间去赚钱，因为无论你怎么努力，都会有一个瓶颈在等着你。

我开始试着通过各种渠道收徒弟赚钱，让那些月收入400元的服务员通过学习技能之后每月赚到2000元左右。我只需要从这些工资中抽成50%就能拿到5000元的月薪，而此时我的手下只有5名技师。

在找到这个赚钱模式之后，我身边的技师越来越多，我从他们身上拿到一定的提成，月薪过万对我来说也并不是什么难事。此时我只有20岁出头。

紧接着，新的苦恼来了，虽然自己的工资已经赚得不少，但是我始终没有自己的门店，因此总感觉少了点什么。

2003年，25岁的我终于开了一家属于自己的大型休闲中心，每个月的流水就可以超过20万元。一时间，我有一种走向人生巅峰的感觉（现在想想有点可笑）。

不管怎么说，我通过开办休闲中心，赚到了人生中的第一桶金——上百万元。

● 误入保险，练就超级成交能力

金钱带给人的快乐始终是短暂的，在适应了每天挥金如土的生活之后，我发现自己正在走向堕落的深渊。我不禁开始反思，难道这就是我未来生活的全部吗？

此时此刻的我急需为自己的转型做准备，只是暂时还未找到合适的行业。就在此时，有一个专门做保险的业务员天天来休闲中心找我，希望我可以兼职卖保险，毕竟休闲中心每天都有那么多客户出入，只要每天成交几单，收入至少可以翻番。

可是一想到要从老板变回业务员，我自己就接受不了，多次表示了拒绝。

出乎意料的是，这个保险业务员好像是吃定我了似的，每天都去休闲中心找我聊。见自己说不通我，他还找来了他的主管甚至总监来说服我。

在保险公司总监的盛情邀约下，我终于还是没能忍住挑战的冲动接受了他的邀请。其中，最能激发我斗志的一句话就是："卖保险是检验一个人能力的唯一标准，如果你能把保险卖好，那你做什么都可以成功；如果你连保险都卖不好，你还谈什么成功？"

由于年轻气盛，再加上自己也需要接受一些新的思想熏陶，所以我还是很愿意尝试一下保险工作的。

十几年前的保险销售非常难做，很多人都认为保险业务员是骗子。我在做之前也是抱着试一试的态度，没有想到的是，这项工作非常适合我。

因为我跟其他业务员不一样，我从人性的角度引导客户说出"我要买保险"这几个字。

之前我也不知道自己有这种能力。这很有可能跟我在休闲中心接触不同的客户有关，最终让我练就了一套成熟的聊天话术。

在其他业务员只能每月赚1000多元的情况下，我又拿到了万元月薪。

不过这笔钱对我来说并不是很多，我还嫌赚得有点慢。于是我开始思考，如何让自己的收入有个新的突破，于是我设计了一套新的赚钱方式——招聘助理。助理的工作很简单，并不是到处去找客户，而是每个人每个月只要邀请40个朋友来三星级以上的饭店陪我就餐就行。

当时几乎没有人敢这样做，因为一旦没有成交，自己请客吃饭的这笔钱就打了水漂，每次请客吃饭可能要花费上千元，这是一笔不小的费用。

可是我知道请客吃饭并不是一件容易的事情，助理们请来吃饭的人，都是与他们关系不错的人甚至是他们的亲戚和家人。就是因为知道其中的关系链，所有我才敢做常人不敢做的事情。吃饭时我会随意地表扬和夸奖一下我的助理在公司有多么优秀，因为优秀，所以收入也不错，可以请客回馈一下亲戚朋友。此时，他们的亲朋好友大部分还是会支持一单两单或者帮忙推荐几个新客户的。

为什么会这样呢？这就是人性，吃人嘴软、拿人手短，更何况我把他们请到三星级以上的饭店就餐，这给了他们一种心理上的满足。因为这些人之中的大多数都没有在三星级以上的饭店吃过饭。而且此时交易的话，我也会给予他们实实在在的优惠。

很多人恰恰会因为占了"便宜"却不买一份保险，有点不好意思，这时我们只需用一些恰当的话术引导就可以了。

几个月之后，有的助理发现我通过他们的人脉关系赚到了很多钱，就不愿意继续做我的助理了，转而选择做保险销售业务员，因为他们发现，做保险只要方法得当，赚钱其实很简单。后来我们团队的收入是分公司其他团队总收入的两倍以上。

当时，我差点被总部任命为分公司的总经理。只可惜，想要当上保险公司的高层需要较高的学历，而学历成了我在保险事业上的绊脚石。

两年之后，我决定告别这个行业。一方面是因为职业生涯遇到了瓶颈；另一方面是因为我想学习的能力已经学到手了。

● 创办全国连锁招聘平台

告别保险行业之后，我就想趁着还年轻干一番更大的事业，可是什么事业才是足够大的呢？

在我苦苦探索之后，有人告诉我互联网是无限大的，只要你的梦足够大，就能创造一番大事业。

当听到互联网的时候，我又惊又喜。惊的是自己的学历有限，根本没有玩过电脑；喜的是它有足够大的市场，可以让我尽情发挥。

在确立了进军互联网行业的目标后，又一个新的难题来临，那就是选择做什么。毕竟互联网那么大，我们得选择自己擅长的事来做。

我深思熟虑之后发现，自己最擅长的还是招聘，于是，中国人才就业网在2005年就开始大张旗鼓地筹备了。

我的网站当时主要以智联招聘、前程无忧为目标，旨在打造全国最有影响力的人才就业网站。网站主营业务有网络招聘、人事外包、劳务派遣、中高级人才搜寻、职业培训会展服务等。

经过3年的发展，公司全国办事处的员工总数超过600余人，在全国364个城市设置招聘网点，与全国上千所职业高校建立长期合作关系，为12万家企业提供过人才招聘服务，累计服务求职者上岗110万人次。

鉴于我在人才招聘领域做出了一定的贡献，曾被亚洲财富论坛邀请担任亚洲财富论坛理事会理事长。

然而，市场是无情的，它并不会在乎你为这个社会做了什么贡献，只在乎你的企业在风险来临时的抗风险能力有多强。

2008年，突如其来的金融危机把我打了一个措手不及。其间也有一个投资机构表示想要以5000万元入股，不过需要拿走公司51%的股权。

当时的我一想到自己一手创办的团队将要拱手让于他人，就心疼不已，于是断然拒绝了。事后想来，那时的我可能错了，我缺少了最基本的融资思维。因为放眼如今的大型互联网企业，如阿里巴巴（中国）网络技术有限公司（简称"阿里巴巴"）、深圳市腾讯计算机系统有限公司（简称"腾讯"）、京东等公司，它们的大股东中都有投资人。

最终，公司没能挡住金融危机的冲击，成为这场危机的牺牲品之一。

● 职业经理人生涯依然顺利

虽然公司已经倒闭，但是公司的平台仍在，我依然维持着平台运行，期待着有朝一日能够东山再起。

公司倒闭后，我闭关3个月，认认真真复盘了几年的创业经历以及失败原因，也从中认识到了自己的弱点。

复盘结束之后，江阴一位专门做劳务派遣的老板几次三番请我到他的公司做职业经理人。我被他的诚意感动了，想要帮助这家公司走上一个新的台阶。与此同时，也希望他能给我投资，让我的中国人才就业网拥有再次腾飞的机会。

经过两年的努力，这家公司年净利润达到数百万元。就在我以为老板可以投资我的中国人才就业网时，他却一直回避我的需求。

后来我才意识到，老板不给我投资是有他的考虑的，因为当时他的公司并没有可以代替我职位的人，如果他给我投资，我很有可能就不会继续担任这家公司的职业经理人，那么公司的净利润就会受到影响。

在寻求投资无望的时候，一位求贤若渴的人力资源公司老板把我挖了过去，希望我帮助他创建一套新的商业模式，而且一定要比现在的商业模式做得更好。这一次，我没有采用传统的劳务派遣打法，而是帮他设计了一套"门店+全民经纪人"模式，门店采用保险行业的"1+4人力组合"，经纪人采用了"全民经纪人模式"，并率先在全国推出了"人人做招聘，个个拿赏钱"的口号，把求职者转变为推荐者。推荐者除了可以在工厂上班，还可以把身边有求职意向的人推荐给我们，只要被推荐人被成功录用，我们就给予推荐者高额的推荐奖励；随着被推荐人工作时间的延长，我们每个月还给予推荐者一定的管理奖金。这样不仅解决了招聘的问题，还解决了员工的留存问题，帮助用人单位降低了人才流失率。

这家公司只用了半年时间，就在本地开发出30多家加盟店和200多位经纪人，几乎将影响力扩展到了全城的每个角落。最牛的是，在其他劳务派遣公司推荐一个人只能拿到500元，我们的推荐人却可以拿到1500元。

为什么企业愿意高价找我们呢？因为我们有足够的门店运营人员和几百名兼职的招聘经纪人。因为利益足够大，有的推荐人甚至一天就可以招聘几百人。有了这些底气之后，再遇到某些需要在一个星期内招够1000人的企业的时候，我们就会主动提出对赌协议：如果一周内完不成目标，我们一分钱不收；如果能够完成，我们的招聘费必须达到每人1500元。而平时市场上一个人的招聘费只有500—1000元。通过这种对赌合作的方式，我们拿到了高出市场价的招聘服务费。价格高了，各个门店和经纪人也开心，因为我们给予门店和经纪人的提成是70%。在这种动力下，哪有不努力的道理。

在这种情况下，公司的盈利水平瞬间在同行中名列前茅。

不可否认，在这里我赚了一点钱，但是依然没能让中国人才就业网成功腾飞。更加让我绝望的是，人才市场存在着淡旺季，企业也并不是每时每刻都需要人，这让我内心不安。

在我做职业经理人这几年，中国人才就业网依然在运行，其间也有投资机构前来询价投资，但是都因为条件苛刻被我拒绝了。

就在我意识到人才市场的不确定性之后，终于痛下决心卖掉中国人才就业网，从中获利近千万元。

● 帮助别人成功才是最重要的

在与中国人才就业网彻底说再见之后，我也想到过退休，让自己多年来紧绷的神经休息一下。

可是在退休半年之后，我就彻底受不了了，日复一日的单调生活，让我感觉像是在坐牢。

为了摆脱这种无聊的状况，我也跟身边多位老板聊天，希望得到一些启发，开启人生的下一段旅程。

其中一位老板的一句话影响了我的下半生。他说："要想快速了解一个行业，最好去做咨询，这样你会遇到各种各样的问题，只要能一一解决，你就会成为行业专家。"

我对此深以为然，可是自己的知识储备根本不够怎么办？

最简单快速的方法就是读书，可是读书并不是一件容易的事。毕竟自己的学历有限，再加上没有读书的习惯，为了逼自己下功夫读书，我制订了一个图书创作计划。

这样我就能说服自己，读书的目的是写书，写书的目的是验证我读的书。

没想到5年来，我竟然读完了3000多本关于商业的书，写了20多本书。有的人甚至会误以为我就是靠卖书赚钱的。

因为不断学习充电、补充不足、完善自我、对外输出，5年来，市场也见证了我的咨询能力和商业模式设计水平。可以说在商业模式设计上，我就像天生具备这种能力似的，不管遇到什么项目、什么产品，我都会习惯性地给它设计一套模式，正因为喜欢、热爱、执着这一事业，不少合作伙伴给了我一个新称号——"新商业模式的缔造者"。有人认可才有价值产生，所以我的年度咨询费也从最初的12万元涨到了36万元，再从36万元涨到了68万元，直至如今的每年240万元。

在做商业咨询的过程中，我也幸运地赶上了自媒体快速发展的这几年，在各家自媒体平台，我都获得了一定数量粉丝的喜爱。截至目前，我在全网的粉丝数量已经突破了400万之多，个人品牌曝光近10亿次。

在做自媒体的过程中，我也把这些成功经验分享给家人，让他创建了自己的品牌，他利用我给他设计的商业模式和全方位的咨询辅导，目前在短视频领域的影响力已经超过了我。全平台粉丝数超千万，团队总粉丝数超过3000万，年营收超过2000万元。

通过帮助家人创业成功，我意识到一件事，原来帮助别人创业成功带给我的成就感远超过我自己创业成功的快乐。既然如此，那我何不趁机踏上天使投资这条路呢？为何不用我的智慧、资源、人脉、资本参与到一些有想法、有野心、有魄力、有耐力的创业者项目中去呢？

有了这个想法之后，我就开始着手筹集资金，毕竟兵马未动，粮草先行。截至目前，公司已拥有5180万元实缴资本，外加风险投资机构授权的5亿元风险投资，旨在本土地区打造出一家具有真正意义的"咨询+联营+创投"的综合型集团公司。

我选择做天使投资人的逻辑要略微区别于其他天使投资人，我不是只投入资金，而是将自己的多年创业经验、人脉资源、媒体流量以及商业思维全部打包提供给创业者，并陪伴创业者一起成长。

因为我知道没有被淘汰的行业，只有被淘汰的商业模式，只有持续创新商业模式，不断迭代商业模式，企业才有可能立于不败之地。请记住，未来所有的商业竞争一定会聚焦在商业模式的创新与持续创新上，一家企业或者一个老板如果商业模式设计能力短缺，一定会提前败下阵来！

胡华成

创新商业模式缔造者

智和岛咨询集团有限公司董事长

● 我为什么要写这本书?

在回答这个问题之前,我必须要感谢两个人,一位是中国科学技术出版社的何英娇女士,她发现了我的商业思维价值,并愿意腾出大量时间帮我调整本书的内容架构,打磨细节;另一位就是"胡华成频道"的主编冯杰先生,他听说我又要出版新书了,积极并主动要求参与到我的新书创作中来,还愿意放弃本该休息的时间来协助我一起构思和创作。没有上面两位老师的帮助与支持,可能这本书到明年都很难出版,再次感谢两位老师的辛苦付出!

言归正传,回归正题!

商业模式已经不是什么新概念,也有很多人写过关于商业模式的书。既然如此,我为什么还要写这本书呢?

由于我个人在商业模式设计领域已经深耕十多年,市面上几乎所有关于商业模式的书籍我都买来读过,发现它们都有一个共同点,那就是比较笼统。

这对我来说影响并不大，因为我个人是可以汲取书本中的精华部分的，但是对大多数创业者们来说并不友好。

最近两年来，我接受了数百位创业者的咨询，有40%的创业者来自江苏省外，我们能相谈甚欢，我也能给他们很好的启发，特别是在每次给他们提供商业模式咨询的过程中，我听到最多的四句话就是"胜读十年书""醍醐灌顶""相见恨晚""我能不能录音"。为什么会有如此高的评价，其原因只有一个，不是他们不懂商业模式，更不是他们没有读过相关书籍，而是大部分书里都没有告诉他们在设计商业模式的时候，创始人如何"站位"，这里的"站位"指的是创始人站在什么位置和角度去设计商业模式。这一点是设计商业模式时核心中的核心。

这里我举个例子，如果一位创始人站在如何提升业绩的角度，他的商业模式会是什么样的？如果创始人站在想颠覆这个行业的角度，他的商业模式是怎么样的？如果创始人站在想做一家上市公司的角度，他的商业模式是怎么样？可以说，商业模式设计得好坏和设计商业模式的人的站位关系极大。

每次给企业创始人做咨询的时候，我都会先问他们3个问题：

（1）找我设计商业模式的目的是什么？

（2）3年后你希望公司在行业中排名第几？

（3）有没有想过做一家颠覆同行、一家独大的企业？

虽然是3个问题，其实我最想听的就是第三个问题的答案。如果这个问题的答案是"没想过"或者是"不敢想"，那么我基本上可以判定，这位创始人未来很难有大的成就。为什么这样说？因为在我心里，设计商业模式的目的就是"颠覆"与"重构"新的商业生态，制定新的运营法则。

回顾一下，今天那些真正成功的公司，哪一家不是先颠覆再重构，最后制定行业新规则的，不管是北京奇虎科技有限公司（简称"奇虎360"）、腾讯、阿里巴巴还是滴滴出行科技有限公司（简称"滴滴出行"），无一例外。所以说，我对商业模式的定义就是"商业模式等于颠覆"，不想颠覆或不敢去颠覆的公司最好别去思考商业模式。

就是因为我的观点和看法与其他的咨询顾问不一样，所以每次创业者离开的时候都会问到一个问题："胡老师，你有没有关于商业模式的书籍，让我们一学就会的那种？"

也有创业者退而求其次，让我推荐几本其他人写的商业模式设计的图书，最好是简单易学的。

对于这个问题，我同样无能为力，因为很多商业模式图书偏向于概念型，需要我们本身拥有较多的知识储备才能驾驭。

考虑到很多创业者很难读到有效设计商业模式的书籍，加上外地的创业者不能经常到我的公司接受深度咨询，于是，我决定结合自己多年的经验给大家提供一些设计商业模式的工具，主要从认知、参照、思维、设计、案例等方面来介绍。特别是在设计方面，我会给读者一个全维度的商业模式设计思路，包括设计案例、设计思维、设计路径、设计元素等。其中仅设计元素就涵盖了108个关键词，这也是商业模式设计的核心。在熟悉了当前社会的主要商业模式以及思维、路径之后，我们就可以将108个元素自由组合，自行设计出一套颠覆行业的商业模式。

纵观阿里巴巴、奇虎360、北京小米科技有限责任公司（简称"小米"）等公司的崛起，无一不体现出商业模式的功劳。在面对实力比自己强大的竞争对手时，好的商业模式确实可以帮助你以少胜多。

从一定程度上看，商业模式就像是一个杠杆，拥有了这个杠杆，你就拥有了跟行业领先者掰手腕的机会。

综合来看，如果你从来没想过赚取超出同行的利润，那么是不需要设计商业模式的。如果你想要在某个行业有一番作为，那么设计一套商业模式是有必要的。

相信大家在看完本书之后，都可以自行设计出一套适合自己的商业模式。

目录

CONTENTS

第**3**章
CHAPTER3

思维模式决定了
商业模式

✚▶**073**

第**4**章
CHAPTER4

设计适合自己的商业模式，
重构行业新规则

✚▶**139**

第**5**章
CHAPTER5

零基础学做生意：
各行各业商业模式案例汇总

163

第 **1** 章

商业模式就是解决
"你、我、他"意愿的问题

CHAPTER 1

● 何为商业模式?

现代管理学大师彼得·德鲁克曾经说过："当今企业之间的竞争，不是产品之间的竞争，而是商业模式之间的竞争。"商业模式的好坏直接决定了企业能走多远和未来能做多大。那么，什么是商业模式？

网络上对商业模式的解释是："企业与企业之间、企业的部门之间乃至与顾客之间、与渠道之间都存在的各种各样的交易关系和连接方式称为商业模式。"

大家看过这个概念之后，知道什么是商业模式了吗？

恐怕并不知道吧？因为这个说法非常模糊，还有一点晦涩难懂。

正因为如此，很多人对于商业模式都有自己的理解。有的人认为商业模式就是免费模式，有的人认为商业模式就是营销方式。

其实，大家理解的商业模式只是商业模式中很小的一部分，假设我们用自己的理解打造的企业去市场上竞争，恐怕胜算并不大。

那么问题来了，到底什么才是商业模式？

在我看来，真正的商业模式就是站在人性的角度去解决"你、我、他"意愿的问题。

"你"指的是消费者

要从两个维度去思考消费者意愿。

第一个维度是，消费者是否认可你的商业模式，他们是否愿意放弃你的同行而只选择你？并且还要清楚地知道，有多少消费者认可你的商业模式？这需要通过市场调研得出一座城市或者一个省份乃至全国的消费者数据。如果在调研中得出认可你的商业模式的消费者比例大于50%，那么你就已经解决了"你"的意愿问题的一半。

第二个维度要从3个方面思考：

（1）消费者是否愿意使用你的产品或服务？

（2）消费者是否愿意花钱买你的产品或服务？

（3）消费者是否愿意将你的产品和服务分享传递给更多人体验或购买？

解决了这3个问题，才真正解决了消费者意愿的问题。

"我" 指的是自己

对于自己，也要从两个维度去思考。

第一个维度是，如果有了这么多消费者愿意使用你的产品和服务，那么你就要思考现在能赚多少钱？未来能赚多少钱？这份事业你愿不愿意去做？如果你能看到未来的价值所在，认为这件事值得去做，那么你就已经解决了 "我" 的意愿问题的一半。

第二维度也从3个方面思考：

（1）你愿不愿意赠送或通过低价让利的方式让更多的人体验你的产品和服务？

（2）你愿不愿意给他人陪你一起合伙创业的机会？

（3）你愿不愿意放弃现在的利润以换取未来的价值？

只有真正解决了这3个问题，才算是100%解决了你的真正创业动机意愿的问题。

"他" 指的是合伙人和投资人

如果听了你的构思想法后，合伙人和投资人都愿意和你合作并愿意给你投资，那么你就解决了 "他" 的意愿问题。

对于 "他"，也要解决3个问题：

（1）他愿不愿意做？

（2）他愿不愿意找更多人来做？

（3）他愿不愿意投钱来做？

这3个问题一解决，可以说全部的问题都迎刃而解。

试想一下，有人愿意买你的产品，有人愿意卖你的产品，还有人愿意分享推广你的产品，同时还有人愿意与你合伙，愿意源源不断地给你投资，这样的商业模式是否就是真正好的商业模式？

概括来说，商业模式就是要解决所有参与者意愿的问题，并且能够满足所有参与者的各自需求，让每个人都拿到自己想要的结果。

听起来容易，做起来其实挺难。所以要想设计一套好的商业模式，我们必须要站在人性的角度去思考：你要什么？我要什么？他要什么？解决别人的担忧，满意别人的心愿，才是设计商业模式的核心所在。

请记住，商业模式不是一套简单的营销方案，也不是所谓的盈利模式，它是站在人性角度思考并多维度去满足不同人性需求的一套全维度的解决方案。

● 需要设计商业模式的 10 种企业

在理解了什么是商业模式之后，我们还应该知道哪些企业适合设计商业模式。

因为商业模式设计是一个非常系统的工程，花费非常多的时间与精力，如果我们为一个并不符合条件的企业设计商业模式，就是一种典型的浪费时间的行为。

到底哪些企业适合商业模式的设计呢？至少要符合以下10种情况的其中之一。

1. 产品有独特属性或者卖点的企业

如今，社会上并不缺少产品，缺少的是"新、奇、特"的产品。

如果你家的产品跟同行相比没有任何技术参数上的优势，也没有造型上的创新，你凭什么指望你的销量比同行的好呢？

2021年下半年，我遇到了一家新涂料公司。表面上看，这家公司跟其他涂料公司差别不大，但是这家公司的涂料在技术上实现了迭代，实现了真正的"0甲醛"效果。

而且，这家公司的涂料还有一个特性：如果家里有小孩用水性笔在涂了该公司涂料的墙上乱涂乱画，只需用湿毛巾轻轻一擦，笔迹就可以被擦掉。

另外，这种涂料不仅可以用作室内装修，还可以涂在汽车上增加车辆表面的耐磨性，也可以涂在炒菜锅底让其成为不粘锅。

可以说，它的应用已经完全脱离了建筑涂料的范围，在某种程度上，只有你想不到的，却没有它做不到的。

销售这种产品的公司是完全值得设计一套全新的商业模式的，一旦运用得当，传统涂料行业龙头都可以被甩到身后。

2.打算实现跨行盈利的企业

如果一个行业已经处于充分竞争状态，想要再从中赚到大钱是很难的。此时，不如直接放弃正面竞争，将产品做成一个引流款，利用后端赚钱。

当有创业者找我咨询的时候，我都会问他们，是经营一家赚钱的公司容易，还是经营一家保本的公司容易？

答案显而易见，当只求保本的时候，你的价格自然可以非常具有竞争力。

举个例子，当其他大型商超销售的飞天茅台价格为3000元/瓶的时候，开市客（Costco）却可以将其价格定在1499元/瓶。开市客很可能从中只赚很少的钱甚至没有赚钱，但借助这个低价的口碑，可以吸引更多消费者来此办理会员卡，进而消费。

据了解，开市客2018年全年的营收高达1416亿美元，净利润为31.34亿美元，而会员费营收就达到31.42亿美元，与净利润基本持平。这就意味着，开市客卖的商品价格只是为了保本，因此其会员卡销量成了公司能否盈利的重要标准。

如果你也有极强的供应链，可以将价格做到极致低，而且想要跨行赚钱的话，就非常适合设计一套商业模式助你快速崛起。

3. 创业者是一个革新思维极强的人

任何一个行业的后来者都很难超越行业龙头，因为行业龙头会利用自身优势制定一些非常有利于自己的标准，使得其他企业很难达到。

如果我们想要打破这种规则的束缚，那么就需要具有革新性思维，不要在他人制定的游戏规则里玩，而要让自己成为新游戏规则的制定者。

360杀毒软件出现以前，行业内都是靠卖会员费赚钱的，如果奇虎360也按照这个规则来，那么就不可能异军突起。于是，周鸿祎干脆放弃了会员费收入，其免费策略使之前的行业龙头痛苦不堪。

那么，你敢不敢做一个重新制定行业规则的人？

4. 技术或研发能力极强的企业

技术或研发能力是企业的一笔宝贵财富，但是技术或研发能力并不等于利润。比如，深圳市柔宇科技有限公司（简称"柔宇科技"）研制出了全球最薄的显示屏，研发能力无可挑剔，却在2021年年底被爆出存在欠薪问题。

因此，如果你的公司具有极强的技术或者研发能力，却没有赚到应该得到的回报，那么就需要设计一套新的商业模式。

5. 可以将服务做到极致的企业

当你没有任何技术优势的时候，服务可以在一定程度上帮助你逆袭。

我们以火锅为例。每个人的口味是不一样的，因此火锅店市场里很难真正分出胜负。于是，海底捞没有将全部精力放在口味上，而是将价值直接体现在了服务上面。海底捞不仅会给独自来吃火锅的顾客对面放一个玩偶，还会给过生日的顾客唱生日歌，甚至还会帮助顾客的孩子辅导作业。

那么，服务做到极致就一定能赚到钱吗？

很显然不是的，在极致服务的基础上还需要植入一套合适的商业模式才能帮助企业"展翅高飞"。

6. 资金、人才储备丰富的企业

很多企业在发展到一定程度之后，公司账面充裕，人才储备也很丰富，公司却很难获得更大的发展，这样的企业也是适合开展商业模式设计的。

为何阿里巴巴、腾讯这样的公司在市值超过万亿元之后，业绩还能不断成长？因为这些公司都采用了公司平台化的商业模式，让公司变成一个创新的平台，利用公司自身的优势不断拓宽自己的边界，获得更多利润。

7. 敢于试错的企业

商业模式的设计在一定程度上是企业的一次创新，创新的过程中需要有不断试错的心态。如果一家企业不喜欢试错，害怕付出试错成本却得不到回报，那么这种企业很有可能被同行淘汰。

苹果公司为什么可以成为科技企业中市值最高的公司之一？原因就在于苹果公司敢于不断试错。在随身听很流行的年代里，乔布斯敢于尝试把上千首歌放在一个小设备里，于是，苹果播放器（iPod）应运而生；在诺基亚引流潮流的年代里，乔布斯敢于尝试推出只有一个按键的手机，颠覆了人们对手机的印象。最终，苹果"一战成神"。

企业敢于试错也意味着多了成功的机会，故步自封很难成就经典品牌。

8. 想要弯道超车的企业

商业战场中有一个非常残酷的规则，第一名永远是行业中受益最多的企业。很多时候，消费者只能记住第一，记不住第二。因此，对于第二名来说，想要超越第一名难度还是挺大的。

难度大并不代表没有可能，不敢想才是最可怕的。

可口可乐曾是行业龙头，想要在销量上超越可口可乐很难，但是百事可乐就不怕，敢跟可口可乐在广告上"打嘴仗"。

可口可乐诞生于1886年，百事可乐诞生于1898年，百事可乐比可口可乐晚了12年，在销量上曾经也一直落后于可口可乐。

不过，百事可乐从来没有放弃对可口可乐的超越，在努力了81年之后（1979年），百事可乐的销量首次超越可口可乐。到了2020年，百事可乐的营收为703.72亿美元，可口可乐的营收为330.29亿美元，百事可乐的营收比可口可乐的两倍还要多。

百事可乐之所以能够获得如此成就，归因于其在营销、渠道整合及并购等多方面的努力。百事可乐的成功也是众多企业想要学习的榜样。

想要弯道超车并不是没有可能，重要的是要有一套行之有效的商业模式来打败竞争对手。

9. 有上下游整合想法的企业

很多传统企业发展到了最后，难免会走上整合上下游的道路。

这样做的好处非常明显。首先，可以降低产品的成本；其次，可以提高生产效率；最后，可以提升销售量。

华特迪士尼公司原本只是一个制作动画的工作室，可是在发展的过程中，它不断整合上下游，收购了皮克斯动画工厂、漫威漫画公司、美国广播公司（ABC）、20世纪福克斯电影公司等著名公司，使其动画产业链拥有了一体化运作的能力。此外，迪士尼还将IP形象通过迪士尼乐园呈现给大家，并且在全球开设了大量迪士尼专卖店。通过百年来的发展，迪士尼已经成为一家营收高达674亿美元（2021年）的综合性娱乐集团。

但是，在整合上下游的过程中有很多需要注意的问题，如果不考虑策略，一味出钱购买可能会导致公司现金流极度紧张，此时最好能有一套既省钱又能轻松整合上下游的商业模式，不仅可以节约成本，还能持续发展。

10. 传统行业向互联网转型升级的企业

向互联网行业转型已经成了传统行业发展的标配，离开了互联网，传统行业将步履维艰。

因为很多线下的客户正在转到线上，相对来说，线下的客户越来越少，行业发展趋势倒逼传统企业向互联网方向发展。

京东原本是一家开线下商城的实体店铺，刘强东当时的目标是要向风光无限的国美电器看齐，可是2003年一场突如其来的疫情让线下实体店客流量减少，刘强东这才决定转型成为互联网企业。截至2021年，京东已经超越华为，成为中国营收最多的民营企业（营收高达9516亿元），这与当时的互联网转型策略不无关系。

然而，传统行业在向互联网转型升级的过程中会遇到一些难题，比如没有互联网基因、没有互联网研发团队等。

假设刚好有一套商业模式可以解决这些问题，而且不会影响公司传统的线下业务，你要不要尝试一下？

希望各位创业者能够认真对照上述10种企业特征，看看自己的企业是否具有这些特征之一，如果具有一个或者多个，那么就该考虑设计一套商业模式了。如果你的企业不具备其中任何一个特征，那么你的企业就还没到需要设计商业模式的时候。

● 设计商业模式的 108 个商业元素

当我们不懂商业模式的时候，会感觉商业模式的设计太过复杂。可是当我们了解设计商业模式的108个元素后，就会豁然开朗。

如果把商业模式比喻成一辆汽车，108个元素就是汽车的零部件。我们只需要从中挑选出几十个零部件，组装成一辆战无不胜的"装甲车"。

每家公司因为行业不同、实力不同、团队不同，采用的模式会大不相同，我们从108个元素中挑选的"零部件"也会不同。

108个元素分别是什么呢？

1. 免费

只要你可以把产品做到免费，消费者就不用付出任何试错成本，会更乐于尝试产品，那么你获得用户的速度就会大大提升。免费是商业模式设计中首先要考虑到的一个元素，如果产品边际成本接近于零，免费就是商业模式设计的必选元素之一。

2. 平台

平台往往会跟免费联系在一起，因为免费的目的就是吸引更多用户，用户多了就会形成平台。平台是让企业走向更强的一个途径，强大的平台实力可以让企业更具行业话语权。不管国内还是国外，大型的互联网公司均有平台力量的加持。

3. 入口

入口是商业模式设计的核心元素之一，企业要有足够吸引人的入口产品来吸引用户。企业也需要建立足够多的入口，入口越多，公司生命力越顽强。

4. 体验

体验不等于服务，服务只是体验中的一部分。体验首先要站在用户角度去思考，其次要找准服务角度。永远不要忽略用户体验，没有体验感的产品或服务很难走长久。

5. 共享

当产品成本较高，用户试错成本较大时，共享是有效解决问题的方法之一。共享的背后是押金模式，这是资本非常喜欢的一种商业模式。

6. 层级

管理的最好模式就是层级管理，层级越清晰，管理越容易，不管是股东还是员工、客户，都要给他们设置一定的层级并授予他们权、责、利，让他们参与层级管理，让每个人做好与他们自己相关的事情。

7. 裂变

企业的快速成长离不开用户的快速裂变，裂变能让企业呈指数级成长。在商业模式中考虑到裂变的元素，可能会让企业"原地起飞"。

8. 全民

一家公司如果只依靠自己的员工，会达到成长极限。如果可以将所有人发动起来都变成自己的业务员，那公司的营收还是问题吗？前提是，你要给所有人行动起来的动力。

9. 网红

我们见过网红城市、网红饭店、网红产品、网红景点等，网红已经是商业的一部分，加入网红元素可大幅降低企业的营销成本。

10. 内容

内容是一个人的想法、看法和做法的一种转化。自媒体时代无内容不创业，内容就像星星之火一样，要累积足够多的内容才能照亮一家公司或一个品牌，才能不断赋予品牌生命力，才容易对消费者形成 "种草" 作用。

11. 秒杀

没有人不喜欢质量好、价格极低的产品。假设6999元的苹果手机只卖1元，谁抢到就是谁的，抢得人会少吗？秒杀是保持用户活跃度非常有效的方法之一。

12. 金融 [①]

金融是一种产品，更是一种思维，金融的本质就是通过流通获取更高的价值和收益，商业的尽头是金融，增加企业的金融性盈利才有利于企业的长期发展，提高公司的投资收益率。

13. 颠覆

要么遵守行业规则，要么颠覆行业规则。遵守行业规则很难让你超越行业龙头，颠覆行业规则会让你有机会成为新行业规则的制定者，超越行业龙头。需要注意的是，颠覆行业规则是在法律允许的范围之内改变规则，而不是违法破坏规则。

---

① 在我国，经济金融产品需要金融牌照，即金融机构经营许可证，由中国人民银行、中国银行业监督管理委员会、中国证券监督管理委员会、中华人民共和国保险监督委员会等部门分别颁发，经审批后方可经营。

14. 生态

假设只卖产品无法突围时，不如引入生态思维。产品前端可以少赚一点，只需将用户引入自己的生态当中，就有机会赚取大量的生态盈利。

15. 直销

直销的核心逻辑在于组织架构和收益模式设计以及利益管理模式。直销常见于化妆品、保健品领域，这类产品的特点是利润空间大，可以将较多的利润分配给直销工作人员。国家对于直销的管理相对较严，需要注意相关的法律政策。

16. 微商

微商的核心是把消费者变成消费商，以自用省钱、分享赚钱、等级卖钱的逻辑为设计核心。微商跟直销有一点像，想要借助微商模式，同样需要利润空间足够大的产品来支撑，否则跑不通、玩不转。

17. 媒体

未来所有的商业竞争，都会聚焦在媒体传播上。一家公司或一个老板，如果缺乏媒体思维，注定会提前败下阵来。没有传播度，就没有认知度；没有认知度，就没有美誉度；没有美誉度，何来知名度？媒体的力量是难以想象的，如果能完美借助媒体的力量，公司就可以快速打开知名度，也可以有效降低员工与客户的沟通成本。

18. 代理

再赚钱的生意，任何人或企业都很难独占，特别是那些差异性较小的产品，很难保持自己的独特性。此时不如开放代理，让代理替你占领市场，你也可以降低一定的市场风险，轻松赚取品牌溢利。

19. 电商

只要是可以标准化生产的，而且保质期相对较长的产品，均可以引入电商元素，让电商为产品助力。部分产品就算不能标准化，依然可以通过电商平台销售，只是相对来说需要注意的事项多了一点。要让电商成为企业销售的一部分。

20. 实体

再虚的产品和服务与实体结合后，都会变的不一样。有人务虚，有人务实，虚实结合业绩倍增，O2O（online to offline，线上引导，线下消费）模式就是虚实结合最好的见证，线上购物，分享赚积分，再以积分换物。

21. 系统

系统本身就是一种商品，自带盈利能力，拥有一套赚钱的系统是创业成功的关键。搭建系统，提供服务，顺便赚点钱才是一套行之有效的盈利系统。

22. 闭环

商业模式的设计讲究闭环思维，我们设计的每个元素都刚好可以驱动下一个元素的顺利进行，只有形成完美闭环才算是一套完整的商业模式。

23. 分钱

一个成功的老板思考问题，往往直接从分钱入手。可以说，分钱的问题一解决，所有问题都迎刃而解。财聚人散，财散人聚。任何一个想要将企业做大做强的创业者都要学会分钱，如果商业模式只考虑创业者本身，不给其他参与者足够的动力，那么这套模式就是没有任何价值的。

24. 合伙

如果创业者身边有跟自己能力互补的人，最好邀请他们成为合伙人。一个平均能力为80分的团队创建的公司会远远超过个人能力为100分的创业者创建的公司。

25. 股权

"人无股权不富。"股权是一家企业的真正财富，运用好股权激励、股权融资、股权融人、股权分红，不仅可以吸引来宝贵的人才，还可以吸引来大量的投资。

26. "上瘾"

世界上比较大型的公司的产品都是具有一定"上瘾"性的。有的人喝酒"上瘾"，有的人抽烟"上瘾"，有的人玩游戏"上瘾"，有的人刷抖音"上瘾"，只有让人"上瘾"才能客源不断。"上瘾"的产品一定要是法律允许范围之内的产品，不可挑战法律的底线。

27. 游戏

这里的游戏并不只是指网络游戏，而是指所有经过设计，具有游戏特性的活动。设计活动的原则就是做到让用户入迷、入心、入神、入戏。

28. 社群

统一价值观，聚集一群人，影响一圈人，专注一件事，服务一辈子。这就是社群的意义。

29. 用户

以用户为核心的创业公司，必须要实现三个指标才能有机会做成一家独角兽公司。第一个指标是要实现用户规模化，第二个指标是营收可量化，第三个指标是未来想象化。

30. 安全

做企业也要安全，可以发展得慢一些，但是绝不能违法违规。否则，垮塌就在一瞬间。安全也是商业模式设计必定考虑的因素之一。

31. 信用

人无信则不立，企业同样如此。一家重视信用的企业一定可以得到所有人的尊重，也能让自己在困难的时候得到帮助。

32. 倍增

一套商业模式如果不能帮助企业实现业绩或规模倍增，

那就不算成功的商业模式。商业模式运用得当可以让企业轻松实现业绩倍增。

33. 循教

循教就是持续循环教育的意思，就像脑白金广告一样，看似很土的广告，往往可以起到惊人的效果。这种循教的模式，其实可以大大提高产品的销量。

34. 创新

创新创业才能创富，创新是一家企业的灵魂，只有创新才能让企业保持活力。创新的结果就是与众不同，把看得见的钱分掉，再赚取看不见的钱，充分享受某个细分领域的隐形红利。

35. 破局

学会破局思维，做人生的掌控者，只有善于思考，才会越来越好。找到突破现有行业格局的突破点，破局而入才能尽享行业红利。

36. 刷屏

现在是注意力稀缺的年代，只有让产品不断出现在用户视野里才能加深用户印象，从而实现产品销售。刷屏是每家企业梦寐以求的事情，做到了刷屏也就成功了一半。

37. 回购

企业如果对产品有绝对的信心，完全可以采用回购股票的形式，打消股东或者合伙人的投资风险和参与疑虑。

38. 赋能

作为创始人或领导人，要把决策、执行的权利赋予参与创业的合伙人，也就是赋能。想要做到这一点，就必须对企业架构、商业模式，以及现有的管理制度和文化思想进行深度改造。

39. 品牌

设计商业模式的目的是成就品牌，因此品牌要根据产品属性做相应的设计。

40. 视频

视频是一种非常快的传播方式，因此，在品牌营造初期，一条设计到位的视频胜过上千万元的广告费。

41. 众筹

众筹的应用领域很广，包括股权众筹、产品众筹、消费众筹、慈善众筹等。众筹可以起到积少成多的作用，最终量变引起质变。

42. 数据

每个环节的推进都要以数据说话，数据的反馈来自市场，也是验证商业模式最有效的工具。

43. 爆品

产品不是越多越好，一款爆品抵得上数万款默默无闻的产品。产品类企业要根据爆品原则努力打造出爆品，让爆品带着品牌飞。

44. 重构

市场上现有的商业模式、产品、服务不奏效之后，就需要对商业模式、产品、服务进行重构，让它在当下继续高效运行。

45. 路演

一个成功的创业者需要是一名优秀的演讲家，具有一定的路演能力。不管是面对投资人、用户还是合伙人，都能够轻松完成路演。

46. 社交

社交的本质是认知与资源的一种交换，不是站在自己的角度向对方索取，而是你能给对方带来什么。只有让对方看到你身上的价值和资源，对方才会愿意长期与你保持连接，建立关系。

47. 意愿

好的商业模式需要激发用户和投资人的意愿，不仅能够激发用户购买，得到投资人的投资，更重要的是，还能得到用户和投资人背后的资源和人脉。想得到这样的结果就必须要解决意愿的问题。

48. 明星

请到对的明星代言可以让企业异军突起。如果说好的产

品是 "老虎" 的话，那么明星代言就是 "翅膀"，合在一起就是如虎添翼。

49. 零售

工厂不应该拘泥于批发生意，零售也是一个大市场。网络上的 "一件代发" 就是这种模式的代表。

50. 对赌

用赌场思维去搭建 "商业" 模式，赌赢了多赚钱，赌输了少赚钱。对赌可以激发相关人员的积极性，并且有利于提前完成目标。

51. 上市

设计一套先进的商业模式并不是为了战胜几个竞争对手，而是成为行业龙头，最终走向资本市场，完成上市。所以，至少要以上市为目标。

52. 值钱

一家公司现在赚多少钱并不是最重要的，重要的是未来能赚多少钱。只要未来的盈利能力值得期待，这就是一家值钱的公司。

53. 任务

获得用户容易，但是让用户一直保持活跃则比较难。给用户设计一些简单的任务，只要完成就能领取积分以换取优惠券是一个不错的提高用户活跃度的方法。

54. 焦虑

对于某些特定的行业，利用焦虑心理可以刺激需求。很多用户会在这种心态下采取行动。

55. 满足

满足用户的意愿，解决用户的担忧，商业模式设计的逻辑必须站在人性的角度去思考这两个问题。只要能够满足每个人的意愿，解决参与者的担忧，还有什么事情是完不成的？

56. 获利

无利不起早，让员工、客户、合伙人从你的项目中获得长期的收益，让每个参与的人都能看到并赚到其中的利益，是商业模式设计中的重要环节。

57. 招商

缺资金，用招商；缺渠道，用招商；缺市场，用招商；缺合伙，用招商。让招商解决你的资金、产品、渠道、团队和城市合伙人的问题。

58. 专注

以匠人之心专注创造，极度专注的人才能打造出极度颠覆性的产品；反之，没有专注，再优秀的匠人也很难做出优秀的产品。

59. 极致

没有消费者愿意为平庸买单，只有极致才是良药。要么

足够惊艳，要么价格足够低，新、奇、特的产品设计才能获得
极致性价比的口碑。

60. 场景

场景是一种设计文化，更是一种用户感受文化，正确的
产品要在正确的地点出现，场景化营销可以快速切入某个细分
领域。

61. 试错

没有任何商业模式是一定能成功的，我们需要用最小的
成本来试错，用最小的区域来试错。错了，就快速改正；对
了，就继续快速扩大规模向前推进。

62. 尖叫

如果你的产品在体验外观、价格方面能够做到让用户尖
叫，那么产品销量就不会有太大问题。

63. 风口

有些行业比较传统，无论怎么努力都很难做到让公司值
钱。找风口或制造风口就是很重要的一步。让传统的行业与风
口结合在一起，公司就有了价值。

64. 会销

会销又称为会议营销，聚集一群特定顾客，通过产品说
明会的方式销售产品。在会议中，以专家、导师、顾问的身份
对意向顾客进行共情式销售。如果企业有合适的会销产品以及

会销资源，可以快速回笼资金。

65. 痛点

什么是痛点？痛点就是自己无法解决但又必须要解决，而目前市场又无法解决的事情。痛点找错了，商业模式就很有可能失败。找准痛点才能对症下药。

66. 联盟

联盟用得好，利润不会少。如何与上游和下游建立深度联盟关系，实现联盟利益？只有控制上游，掌控下游才能建立一套长期稳定的联盟方式。

67. 估值

估值就是讲故事，融资就是卖故事。估值就是让投资人用现在的钱去买未来的收益和回报，公司只有值钱才能融到钱，公司估值越高越容易吸引投资人参与投资并提高员工的稳定性。

68. 降维

在互联网+大数据的时代，掌握降维打击，才能实现以小搏大、以弱灭强的竞争结果。降维打击是商业竞争中最容易获胜的方法，因为普通人思考问题，通常用简单固有的几个维度，而真正的高手，通常会站在更高的维度看待与思考事物本身。

69. 兴趣

做感兴趣的事，找感兴趣的人，与感兴趣的人一起做事，才是一件乐事。外部要找，内部要育，只有搭建和培养有趣的创业团队，才能让兴趣驱动公司快速成长。

70. 连接

建立连接才是营销的全部，只有努力构建自己与外部的深度连接，才是制胜法宝。在网络时代，一根网线让我们看见了更大的世界，一部手机连接了人与人之间的交流，每个人都是其中的一个点和一条线，点和线结合在一起，便构成了一个彼此连接的价值网络。

71. 渠道

得渠道者得天下。现在是渠道为王的时代，只有拥有庞大的渠道资源才有可能成为行业第一。渠道是什么？渠道就是销售管道、销售网络，渠道就是帮你卖产品和服务的公司、门店或团队。

72. 故事

在家编故事，出门讲故事，见人卖故事。人们对故事没有抵抗力。一个有故事的品牌，一个有故事的创始人，一个有故事的商业模式，好过上千万元的广告费。

73. 算账

算账的目的是让对方置身其中，带动对方身临其境，通过算账感受到参与后能够拥有的价值和预想的收益，用这种价值和收益去吸引对方积极参与到项目中来。

74. 共鸣

　　共鸣的本质是连接一个人或一群人过去的记忆，只要能和消费者产生共鸣，那么所有的产品和服务都能实现颠覆。一家公司或者一位老板只要能在产品设计和宣传文案上下功夫，走心了，动情了，还有什么产品和服务卖不出去的？

75. 价值

　　一头牛可能只值4000元，一条大牌皮带也可能卖到4000元，而这条皮带的成本可能只需40元，那么其余的3960元就是品牌价值。产品只有具有极高的品牌价值，才能卖出高价，获取更大的利润空间。

76. 定位

　　只有在定位上赢，才不缺市场；在市场上赢，才不缺客户；赢得客户，才不缺口碑；赢得口碑，才不缺员工；赢得员工，才不缺合伙人；赢得合伙人，才不缺资本；赢得资本，才不缺未来。定位就是定输赢，定位定得好，才能让自己成为某个领域的唯一。

77. 流量

　　微信、微博、头条、抖音、快手、小红书等，哪一家不是具备极大流量的平台？只要善于思考，参与到公域流量转私域流量的争夺战中去努力分一杯羹，就能让流量发挥最大的作用。

78.会员

会员模式是对传统零售模式的一种颠覆,是一种新型盈利模式。设置会员购买门槛,将高质量产品或服务用低价位策略销售。开市客、山姆会员店等都是会员模式的成功代表。

79.倒贴

人的内心都是喜欢贪便宜的,倒贴模式正是击中了这种心理,只要找到买单者,那么让他们免费拿走产品或服务的同时,还可以让其带点别的东西走。想不通、看不懂这一点就赚不到隐形财富。实现用户量快速增长,才是倒贴的意义所在。

80.网络

网络是连接的工具,是平台的一个载体。网络的力量是隐形的,也是巨大的,如今可以说,谁也不能脱离网络做生意,网络已成了企业运营发展的标配,借助好网络运营可以实现百倍、千倍增长。

81.疯传

用媒体思维全网覆盖,让销费者销售慕名而来,将你的产品、思想、功效、行为设计成具有感染力和传播力的内容。通过专门的营销策划形成一种疯传的效应,会让很多人一不小心就成为你的用户。

82.冲突

没有冲突就没有需求,制造冲突激发需求。产品想要获得大量的关注就要制造冲突，通过冲突营销实现品牌的有效传播。

83. 授权

通过授权权、责、利，让公司形成一个自主运行的系统。一次好的授权会是创业者自我解放的契机，可以让创业者腾出更多独立思考的时间。

84. 圈层

客户是分层的，不能用一款产品让所有用户满意。高端产品也是高利润产品，专门为高净值用户服务。

85. 粉销

一款可以带给用户骄傲的产品会让用户变成你的粉丝，他们会主动帮助你推销，从而形成粉销现象。

86. 差异

同质化产品是没有出路的，我们需要在相同中找到不同点，通过差异化让用户轻松记住产品。

87. 复制

做通、做透，从0到1，快速复制到全省、全国。快速复制、极速粘贴是公司或产品启动规模化发展最好的方式之一。

88. 造势

先造势，再成势，懂得制造风口，创造趋势，才能让更多的人关注到你、参与你的项目。每一家公司刚刚开始的时候，可能起点很低，但要学会造势，制造出身处趋势口的气氛，给人一种很厉害的感觉，这非常重要。

89. 创客

好的产品可以提供好的创业机会，让员工做服务，让客户做业务，让更多人成为创客，参与到创业中来，分享产品红利，才能实现极速增长，快速裂变。

90. 第一

创业就要成为细分领域第一。对于任何一种产品或服务以及技术，在人无我有的时候，都要第一时间在细分领域快速占领市场成为第一，只有成为第一，才能拥有市场定价权。

91. 扩张

小规模扩张是一种策略，大规模扩张是一种战略。如果企业的核心竞争力不强，企业在扩张的过程中一定要采用小规模扩张的模式，否则竞争对手很快就能超越你。

92. 低价

低价的本质是让利，是让用户占到便宜、得到实惠。低价不能低质，用低质的产品实行低价策略是一种玩不转、走不远、行不通的套路。

93. 文化

老板没文化，产品很可怕；产品没文化，员工会害怕；员工没文化，客户会害怕。文化是一种传承，文化是企业发展不可或缺的一部分，只有文化能够让企业更具使命感、责任感。

94.集团

集团是实力的象征，也是一种管理模式，公司在合适的时候需要采用集团架构模型，这样更有利于展示公司实力以及对公司整体进行估值、融资。

95.控股

公司在很多时候不一定要100%持股下属公司，只需控股就行。控股的目的不是控制拥有权，而是控制使用权，谁的不重要，重要的是，在你想用时，你能第一时间拥有使用权。

96.跨界

目前互联网行业的趋势是跨界思维，我们同样也要有跨界思维，这样不仅可以打开企业收入的新引擎，还能让企业收入结构更均衡。

97.整合

"人有你无被整合，人无你有去整合。"整合与被整合都是整合，整合可以解决一切不足点，只要整合得当就能让企业实力大增。

98."画饼"

"画饼"是创业者必备的基本能力，更是商业模式的一个重要核心设计。大多数人在创业之初都是一无所有的，他们

能做的就是 "画饼"，只有具备或者拥有勾画蓝图、描绘意愿的能力，才能让跟随你的人看到希望。

99. 兜底

给颗定心丸，给一句承诺，许多事情都会从难到易，因为所有人都希望看到确定的利益。在必要的时候给投资人、合伙人、员工、客户一些兜底承诺。

100. 心智

一家公司或一款产品一定要在消费者心目中拥有一席之地，必须有独有的特性。想要用户提到你、想到你、选择你、彻底爱上你，就要占领用户的心智。

101. 易货

在钱币发明之前，人们用以物易物的模式进行商业活动。这种模式现在依然存在，特别是在二手市场领域，利润空间超出想象。

102. 保本

人人都想做一家赚钱的公司，可最后大部分都亏钱了；少部分人在尝试做一家先保本的公司，后来大部分都赚钱了。先用保本思维开公司，后用赚钱思维去盈利，是未来10年最赚钱的商业思维之一。

103. 直播

直播是工具，更是平台，利用好工具，选择好平台，使用得当不仅可以增加品牌的曝光率，还可以增加产品的销售量。

104. 带货

"好货不愁卖，全靠名人带。"如今，不缺名人和网红，只缺好货。带货的方式有很多种，包括直播带货、视频带货、分销带货等。

105. 补贴

补贴是一门艺术，更是一种人性化手段，补对了一鸣惊人，补错了无人问津。刚需、优品、高频是补贴的核心。比如，某平台发了10亿元补贴券，消费者用分到的券在此平台上购买苹果手机，立减500元，当然会心动！

106. 贪心

本质上说，"人性都是贪心的"。利用"人性的贪心"，为用户设计一个或多个无法拒绝的选择。

107. 欲望

成功源于欲望，在不同时刻，每个人的内心都有自己的欲望，只有时刻掌握人性欲望节点，第一时间去发现它、满足它、激发它、利用它，才能更好地激发人性，实现你想要的结果。

108. 想象

一家企业没有想象力，哪有融资的能力？我们做的任何项目都必须要让客户、员工、合伙人、投资人能够想象到广阔的利润空间。只有拥有足够大的想象空间，参与者才能在项目上看到未来，才能踏实地定心、定位。

这108个元素大家可能都知道，只是没有人帮助你来总结。希望大家把它们当成设计商业模式的"零件库"，随时需要，随时调用。

● 商业模式设计的 20 个逻辑

通过前文的了解和学习，可能有人已经跃跃欲试，想要在自己的企业里大显身手了。但是，元素有那么多，我们应该如何挑选呢？就算挑选了正确元素，但顺序不太正确的话，依然不能设计出一套行之有效的商业模式。那么，选择元素的关键在哪里？

最关键的就是要知道商业模式设计的逻辑。

总结多年的经验，我为大家梳理出了设计商业模式的20个逻辑，只要按照顺序去做，就能设计出一套不错的商业模式。

1. 选行业

行业决定了事业的大小，在有的行业中，企业做到极致也只有1亿元的营收，而在有的行业中，企业只要做到中等水平就能有10亿元营收，因此行业的选择是非常重要的。

除此之外，还要看行业是朝阳行业还是夕阳行业，绝大多数人都喜欢朝阳行业，如果你在夕阳行业里死磕，大概率会错失很多机会。

举个例子，假设现在有钢铁行业和芯片行业，两个行业你都懂，你会选择做哪一个行业呢？

在当下经济环境中，芯片行业一定是优于钢铁行业的，因为它不仅可以拿到大量的优惠政策，还能吸引无数投资机构。如今，钢铁行业受限很多，不仅没有政策优惠，还可能因为环保问题被关停。

因此，选择大于努力，选择一个对的行业要比死磕一个错的行业轻松得多。

如果我们正处在一个竞争非常激烈的行业，是不是一定要换一个行业呢？

不是的，因为我始终相信，所有的行业都值得重新再做一遍，这也是商业模式赋予每个行业的机会。

2. 找入口

行业选好之后就需要寻找入口，找好入口的目的是获得大量的用户。入口可以是产品，也可以是渠道。

如果我们选择的是成本较低、毛利较高的产品，在产品推广初期，可以直接采用免费的方式，通过大规模的赠送获得一批精准用户。如果我们的产品边际成本为零，就可以采用永久免费的方式，在获得用户之后通过后端实现盈利。

除了让产品打开入口，还可以通过借入口的方式，实现互利共赢。微信本是一个社交平台，但它拥有12亿人次以上的月活跃用户数，这就让它成了一个巨大的流量入口。如果可以借用微信的流量入口，那么你的产品曝光效果一定是立竿见影的。

3. 看规模

资本市场有个不成文的潜规则，即对于市场空间有限的行业并不是很感兴趣。因此，这类行业拿到投资的可能性会比较小。

我们在选择行业的时候，最好选择没有天花板的行业，至少是千亿级市场规模的。互联网巨头们进入的行业大多都有万亿级市场空间，比如生鲜市场。每个家庭每天都要吃菜买肉，按照一个家庭一天50元的消费水平来计算，4亿家庭每天的生鲜消费量是200亿元，一年的市场空间可能达到73000亿元，这么大的市场理论上可以打造出一家市值万亿级的互联网公司。

4. 出策略

在选好规模不错的行业以及找好入口之后，我们就可以结合行业特点从108个元素中挑选了。

每个元素都是一个策略，我们要把自己可能用到的策略全部罗列出来。

5. 构思路

策略出来之后，我们需要将它们系统化，形成一个完整的思路：每一个策略的顺序是什么？需要什么人去执行？我们公司有没有这样的人？如果没有，我们该从哪里得到这样的人？

6. 想未来

在思路清晰的前提下，我们需要想一下，我们这么做，未来价值有多大？要用多久才能得到未来的结果？

如果行业没选错，未来却并不乐观，那么我们就要反思是不是策略或者思路出了问题？

7. 建模型

在未来可期的情况下，我们就需要对商业模式建模。让策略和思路构筑成一套完整的商业模式。

请注意，此时的商业模式只是一个雏形，并不能立刻用于实践。

8. 反推敲

一套商业模式是否可行一定要经得起推敲，尤其是反推敲。如果反过来推敲也可以，就说明这套模式在逻辑上是行得通的。

9. 正思考

如果反推敲没有问题，我们就再正向思考一遍，只有正向反向都行得通，这才是一个相对成熟的商业模式框架。

10. 换位置

我们在设计商业模式的时候往往是站在创业者的角度来设计的，主观性会比较强一点。

我们还需要站在投资人、用户、合伙人等多个角度来重新审视这套模式，是不是每个角度的参与者都能满意。

11. 找不足

在换位思考的时候，一定会发现商业模式中存在的不足之处，要把这些不足之处全部找出来。

12. 加补丁

千里之堤，溃于蚁穴。在我们发现商业模式中存在的小问题后，一定要重视，否则，它可能会成为阻碍我们成功的关键因素。

把这些小问题找出来并且做出解决方案，相当于给商业模式打了一个补丁。

13. 微调整

在给商业模式加补丁之后，我们就要模拟将这个模式落地的过程。在落地过程中需要做的事情的顺序可能也会有所变化，我们需要在这些实际变化的基础上做一些微调整，让每一步都在合适的位置上。

14. 编故事

在做好微调整之后，商业模式就基本定型了，接下来需要做的就是实践。实操的第一步就是编故事，一个好的品牌故事可以直击用户内心，谁也无法替代。

任何一个想要做大做强的创业者一定要有一个符合品牌调性的故事，最好品牌创始人自己也有一个好的故事，让故事代替广告在消费者当中口口相传。

15. 做路演

有了品牌故事和商业模式之后，我们就可以开始路演了。针对不同人群要有不同的路演版本，版本越多针对的人群越广，不同的人群有不同的反馈，路演的目的就是多讲、多听、多完善。

如果对方是投资人，我们就启用融资版本；如果对方是创客，我们就用创客版本；如果对方是客户，我们就启动客户版本；如果对方是人才，我们就启动吸纳人才的商业模式版本。

16. 搭班子

在创业者路演的过程中，就会知道公司需要什么样的合伙人，把需要的人统统招募进公司，组成创始团队。根据这些人的能力分配不同的工作，让他们在各自擅长的领域帮助创业者。

17. 分股权

公司在创业之初，既缺人又缺钱，留人的最好方法就是给所有的创始成员一个可以看见的未来。分股权是必要的一步，创业者可根据每个岗位的不同，分配不同的股权。股权的分配最好采用期权模式，只有完成了目标才能解锁，否则会造成股权纠纷。

18. 试运行

在团队建好之后，公司就需要按照既定的商业模式快速试错。试运行是验证商业模式是否可行的关键阶段，所有人都要积极配合。

19. 定模式

如果试运行非常顺利，我们就需要定下这个模式快速复制。如果试运行不太顺利，则需要总结遇到的问题，再给出一个解决方案，直到模式完全走通，最终确定模型。

20. 拿结果

由于模式是被市场验证过的，因此我们需要在一定的时间内拿到该有的结果。比如，用户数有多少？融资额有多少？营收规模有多少？等等。

记住这20个逻辑顺序，会让你的商业模式设计能力快速提升。

找到对的商业模式，让企业进入成长快速道

CHAPTER 2

● 互联网模式下的免费模式

20年前，我国的富豪榜上几乎全都是做实业的企业家，大家都在比谁家的产品卖得更多。

20年后，我国的富豪榜上发生了巨大的变化，前20名中至少有一半都是互联网等科技型企业的企业家。

富豪榜的变更暗示着我国商业结构发生的巨大变化：我们早已经进入了互联网的世界。

互联网企业之所以能够快速达到万亿级别的规模，最主要的原因是其背后通用的互联网模式。

因此，不管我们现在从事的是实体行业还是互联网行业，都必须要了解互联网模式。

互联网模式最典型的特点就是免费，不惜一切代价的免费。

不管你制造出来的互联网产品有多么好，多么优秀，初期大多是免费的。这时候，一旦收费，你的思维就回到了实体行业中，公司发展就会比较缓慢。而此时如果你的竞争对手选择免费，你的企业就会面临生存风险。

奇虎360成立于2005年，在此之前，几乎所有的杀毒软件都是收费的。很多用户在使用电脑时，都会遇到流氓软件的问题。在这种情况下，用户也有购买杀毒软件的需求，因此，瑞星杀毒和金山毒霸的日子都过得不错。

随着电脑越来越便宜，上网成本越来越低，用户出现了可预见的大规模增长。就在这个时候，奇虎360"杀"了出来，直接把团队花费巨资研发出来的杀毒软件免费给用户使用，瞬间击中了同行的软肋，吸引电脑厂家预装，方便大批用户使用360杀毒软件。奇虎360成立5年之后，360杀毒软件的用户就已经突破了1亿。

而在奇虎360之前，国内已经出现了免费商业模式的典范，不是其他公司，正是阿里巴巴旗下的淘宝网。

在2003年以前，国内的C2C（consumer to consumer，指个人与个人之间的消费活动）龙头是易趣网，几乎没有公司可以与之抗衡。2003年6月12日，美国的电商巨头易贝（eBay）收购了易趣网，这让易趣网瞬间实力倍增。

就在这个时候，淘宝网成立了，想要跟国际巨头掰一次手腕。可惜的是，无论从实力还是市场份额上，刚成立的淘宝网都不是易趣的对手。

神奇的是，淘宝网只用了两年多的时间就彻底击败了易趣，最终让它退出了中国市场。

淘宝网是怎么做到的呢？答案就是免费。

当时C2C网站有3个收费的地方，分别是交易服务费（成交额的2%）、登录费（0.1—8元）、推荐位费。

这些费用基本上支撑了网站的运营费用，是一笔不小的收入。然而淘宝网却选择了放弃这些费用：只要在淘宝开店，这3项费用全都不收取。

对用户来说，免费就意味着试错成本很小。到2003年年底，淘宝网就拥有了30万注册会员，其中包括一部分原来的易趣会员。

通过免费，淘宝网获得了巨大的关注和大量用户，之后又不断提高用户体验，2005年，淘宝网就已经坐稳C2C平台老大的位置。

那么问题来了，奇虎360和淘宝网为什么敢在竞争对手都收费的时候选择免费呢？

因为互联网时代，用户为王，免费的目的就是获得足够多的用户，只要你的用户数可以用亿来计算，基本上就不需要思考公司的钱从哪里来，自然有很多投资机构会帮你想办法。

腾讯在创立之初也没有明确的盈利模式，只是把团队研发的即时通信工具免费提供给了用户而已。没想到这个产品成了当时一些人"炫耀"的工具，他们以自己拥有一个OICQ号码（QQ前身）为荣。

在腾讯找投资机构投资的时候，马化腾非常坦诚地表示，公司只有用户，但是还不知道怎么赚钱。即便这样，较快的用户增长速度依然让公司得到了投资机构的投资。

就目前而言，国内的互联网模式公司主要可以通过3种方法实现盈利，它们分别是增值服务、广告和金融。

不管未来通过哪种方式变现，你都有可能让公司扭亏为盈，成为互联网巨头。

随着创业者对互联网模式的融会贯通，互联网模式已经跳出了只被互联网企业运用的范畴，实体企业也可以成为一家互联网公司。

我们可以把实体公司的产品类比成互联网公司的产品，唯一的区别就是互联网产品具有边际成本低的优势，实体产品很难做到这一点。然而，实体公司只要能够得到有效增长的用户并且将其激活，再加上控制得当的成本，那么还是可以转型为互联网公司的。

假设别的公司主打产品是收费的，你家的产品免费，那么你就具有了快速占领市场的先机，甚至具有垄断市场的可能。当你完全垄断某一个地区的市场之后，即使产品再适度收费，其他公司也没有任何机会与你抗衡了。

这就是互联网模式的威力。

而且，不管我们是否真正使用互联网模式，至少要明确知道互联网的打法，万一有竞争对手采取互联网模式，我们也不至于输得一败涂地。

● 互联网模式下的补贴模式

没有任何一套商业模式是永远奏效的，就连帮助很多互联网巨头异军突起的互联网模式也如此。

原因很简单，商业模式是有保质期的，一旦同行全都学会了你的商业模式，你原有的商业模式对企业所起的作用也就会逐渐失效。如果你想继续领先行业，那么你就需要在原有商业模式的基础上进行升级。

互联网模式的升级版本就是补贴模式，顾名思义，不仅不收用户的钱，还要给用户补贴。补贴的目的就是用最短的时间去实现用户规模化、营收可量化、估值想象化。滴滴出行是将补贴模式做大做强的代表。

作为一款打车软件，滴滴出行成功解决了用户打车难、打车贵的问题，对于经常打车的用户来说，滴滴出行是一款非常实用的软件，可是免费模式并没有引起用户和车主的兴致。

因为不管是用户还是车主，在转而使用一款新的软件的时候，都存在一定的试错成本。车主害怕下载了软件之后不仅赚不到钱，还会浪费很多流量和时间；用户害怕打到黑车，这样不仅省不了多少钱，还有可能危及财产甚至生命安全。

为了解决这个问题，滴滴出行在2014年年初开始大规模发放补贴，只要用户打车，每单车费减掉10元，而司机则可以在车费的基础上获得10元奖励，这意味着每个订单滴滴出行就要补贴20元。没有目的的补贴是没有意义的补贴，据驱动中国2014年滴滴出行报告显示，当年滴滴出行的用户规模突破了1.5亿人。

值得注意的是，在滴滴出行宣布补贴之后，竞争对手快的打车（杭州快智科技有限公司研发的一款打车应用）也跟进了这一补贴策略。由于滴滴出行的主要投资人是腾讯，快的打车的主要投资人是阿里巴巴，因此，人们称滴滴出行与快的打车的补贴大战就是腾讯与阿里巴巴的烧钱大战。

据腾讯透露，滴滴出行与快的打车的补贴大战就像武林高手的对决，滴滴出行一天亏损2000万元的时候，快的打车也亏损2000万元；滴滴出行增加到3000万元之后，快的打车继续跟进；滴滴出行的最高纪录是一天亏损了4000万元，即便如此，谁也没有敢停手，否则就会前功尽弃。

就在滴滴出行与快的打车补贴大战"打"得最激烈的时候，网约车司机最开心了，因为平台疯狂的补贴让这些司机赚钱很容易，很多司机可以在一个月内赚到3万元以上。

诱惑在哪里，机会就在哪里，巨大的赚钱效应吸引了很多司机的加入，司机越多，用户就越容易打到车。解决了社会痛点，同时也解答了价值问题，随着滴滴出行与快的打车的合并，具有一定垄断性质的滴滴出行也就形成了。

滴滴出行的估值在最高的时候超过了800亿美元，滴滴出行的成功也让补贴模式成为互联网企业的标配。

这里再一次告诉大家，补贴模式最大的目的就是用最短的时间去解决社会痛点或行业痛点，同时用最快的速度去实现用户规模化、营收可量化、估值想象化问题。

自滴滴出行之后，国内迅速崛起的一家消费品牌瑞幸咖啡也同样采用了补贴模式。

只要你是新用户，就可以在注册成功之后免费得到一杯售价超过20元的咖啡。为了引发用户裂变，已注册用户只需要邀请一个新用户并且注册成功，两人可以分别得到一杯免费的咖啡。

对于那些交际能力比较强的用户来说，一个人可以邀请几十个新用户，按照每天一杯咖啡的数量计算，他们可以免费喝几个月的咖啡。

正因为瑞幸咖啡的互联网打法，从公司成立到成功登陆纳斯达克仅用时18个月，创造了全球最短时间上市的纪录。

到了近两年，补贴模式越来越常见，给了普通人大量"撸羊毛"的机会。

最常见的一个领域就是各种极速版App，只要你愿意使用这些App，就能够得到10元的红包。如果你能一直使用这些App，它们就能一直给你钱，只不过钱会越来越少。

实际上，想从一个极速版软件撸30元的羊毛并不是很难，这也是很多人愿意下载使用极速版的原因。

除此之外，有些电商平台也推出了补贴活动，只要下载特价版App，就能得到一个10元的无门槛红包，相信很多人都见到过。

大家有没有想过，这些企业补贴的目的是什么？

答案跟互联网免费模式是一样的，都是为了获得更多用户，只有用户多了，公司才可以获得更多融资；只有融资足够多，才可以证明企业有多被资本重视，更容易获得市场溢价。

因此，补贴模式是互联网免费模式的进阶版，它非常考验创业者的融资能力，如果融资能力不足，那就要慎用补贴模式。

● 实体店盈利绝招——会员模式

最近几年来，随着电商的快速发展，实体店呈现出了一片萧条的景象。

尤其是大型商超领域，几乎全部陷入了不赚钱的死循环中，包括国际零售巨头沃尔玛和家乐福。

家乐福早在1995年就进入了中国，凭借着国际化的先进超市管理模式以及物美价廉的产品受到了国内消费者的喜爱。

21世纪初，很多城里人会把逛家乐福当成一种逛街方式，甚至作为一种品位的彰显。到了2006年，家乐福在国内的门店数就超过了100家，在国内同行业中几乎没有任何对手，就连沃尔玛也不行。

可是到了2009年，家乐福的业绩就开始以每年10%的速度下滑。家乐福采取了很多措施，比如，建立网上商城送货上门、打造便利店等，但最终都效果不佳。

最终，在2019年6月，苏宁宣布以48亿元的价格收购了家乐福中国80%的股份。交易完成后，苏宁成为家乐福中国的控股股东。

再来看沃尔玛，它也并没有好到哪里。据统计，2016—2020年，沃尔玛在我国关闭了超过80家门店。

这些国际化巨头为什么会在中国市场遭遇过山车般的起落呢？

主要受两个因素影响：一是房租的连年上涨；二是电商的巨大冲击。

双重因素叠加，这些国际巨头超市也开始上调产品价格，很多商品的价格已经超过了社区小型超市的零售价。没有了价格优势，消费者自然就不愿意再去消费了。

有没有一种方法帮助这些大型超市实现逆袭呢？

答案是有的，但是，不懂商业模式设计逻辑的人是很难发现并找到合适的模式的。在商业模式咨询的过程中，笔者经常会向那些企业创始人抛出一个问题：是经营一家赚钱公司容易，还是经营一家保本公司容易？100%的人都会回答，经营一家保本公司容易。那么，为什么大部分创业者或老板都想经营一家赚钱公司，反而到最后很难赚到钱甚至亏钱呢？会员制仓储式超市模式给出了答案。

与家乐福、沃尔玛纷纷关店相对应的是开市客、麦德龙、山姆会员店（沃尔玛旗下）的快速扩张。

其中最具颠覆性的要数开市客，其在中国大陆地区的首家店于2019年8月27日开业，地址位于上海闵行区。开业当天，顾客人数竟然超过了超市的接待能力，不得不在下午暂停营业。开业一周，付费会员超过20万人，按照会员费299元/年计算，一周会员费收入在6000万元左右。

2021年12月8日，开市客在中国大陆地区的第二家店在苏州虎丘区盛大开业。有市民在凌晨3点就去门口排队了，开业现场甚至有救护车和直升机随时待命，以防出现意外。

开市客到底有什么魔力？凭什么让国人如此疯狂？

1. 用保本思维策略，超市的商品加价幅度不超过 16%

如果你到沃尔玛购买商品，大部分商品的加价幅度会超过20%，部分商品甚至加价40%。因为沃尔玛就是通过商品的差价赚钱的。

而开市客加价16%并不是为了赚钱，而是为了打平运营成本，只要费用核算（员工工资、房租、税金等）下来够运营成本，开市客就可以在产品上1分钱不赚，因为收取会员费才是其最大盈利点。

再次用飞天茅台的例子，同样是53度的飞天茅台，沃尔玛的零售价可能高达2800元/瓶，而开市客的零售价只需要1499元/瓶。唯一的区别就是一个限购，另一个不限购而已。

有很多人在开市客开业当天抢购茅台，并不是为了喝，而是为了赚钱。一瓶酒转手之后就有可能赚上千元，巨大的利润空间吸引了很多人到店办卡。虽然会员费要299元/年，但可能这一次购物就省了全年的会员费。心动在哪里，行动就会在哪里。

2. 汇聚大牌产品，见证低价策略

不管是路易威登（Louis Vuitton）还是普拉达（Prada），我们大多只会在专卖店里见到，超市很少卖这种大牌商品。而开市客不仅有，还会有很多这样的大牌商品。更重要的是，其

价格比专卖店和网店还要便宜，这就给了人们到店购买的理由。

这种将大牌汇聚在一起的模式满足了消费者一口气逛很多奢侈品店的需求，而且节约了大量的时间和金钱。

3. 逛超市犹如拆盲盒

对于传统的大型超市来说，品类几乎是固定不变的，甚至它们的摆放位置都是固定的，这让人们除了刚需就没有更多的欲望来购物。

反观开市客，店铺的部分品类一直在更换。不管你什么时候去，总会有一种拆盲盒的感觉。

举个例子，店里不可能天天都销售飞天茅台，但是会不定期上架其他超值商品。消费者可能会抱着捡便宜的心态，时不时到超市逛一下。就算没有茅台销售，消费者也很有可能买其他产品，消费者购买的频次越高，越容易产生毛利，从而提高员工的福利，让员工更有积极性。

开市客的所有努力只有一个目的，那就是让消费者办理会员卡。其主要利润来源就是会员费。

其实，开市客的会员模式并不只适合传统超市，它几乎适合所有的实体店。比如，快餐店、火锅店、便利店、生鲜店等。

只要你敢用保本思维，保持商品不赚钱，人们就有可能到你店里办会员卡。

如果能在商品不赚钱的基础上使用一些提高用户到店消费频次的方法，那么你就拥有了击败同行的法宝之一。

● 快速占领市场的利器——共享模式

如果你发现了一个市场痛点，并且做出了相关产品来解决这个痛点，比如产品的成本是1000元。与此同时，你的竞争对手也做出了类似的产品，成本与你的接近，请问你该怎么快速将产品推向市场呢？

很显然，我们之前提过的互联网免费模式、补贴模式及会员模式都不太适合。因为产品的成本实在太贵，没有人亏得起，就算是阿里巴巴、腾讯也做不到。

其实，当我们遇到这种情况的时候，不要慌，因为共享单车、共享充电宝、共享按摩椅等商家已经给我们找到了解决方案。

共享模式会是一个很好的选择。

可能大家比较迷惑，共享模式的先驱小黄车（ofo）不是已经失败了吗？为什么依然看好这种模式呢？

不可否认，小黄车失败了，而且失败得很彻底。但是，这种模式给了很多行业焕发第二春的机会。比如，充电宝行业、按摩椅行业、网约车行业等。

我们就以小黄车为例，2015—2018年，小黄车总融资额度在30亿美元左右，折合人民币191亿元左右。投资机构包括阿里巴巴、蚂蚁科技集团股份有限公司（简称"蚂蚁集团"）、滴滴出行、小米、真格基金等。

试想一下，假设共享模式没有先进性，这些企业会投资这么多钱吗？

小黄车之所以可以融资上百亿元，最主要的是它发现了一个痛点并且提出了解决方案。

小黄车创始人戴威发现，不管我们坐公交上班还是坐地铁上班，到站之后大都还要再步行一段距离，如果有个自行车代步就好了。这也是很多打工人上下班路上的痛点。

戴威给出的解决方案就是不管你在哪里，都可以找到小黄车，只需要扫码支付租金就可以，1小时付费1元，不过前提是需要支付99元的押金。

这个方案非常棒，因为任何一个人买自行车的花费都要超过99元，而且自己买车的话存在丢失或损坏的可能。有了小黄车之后，随时扫码随时骑，非常便利，而且不需要的时候还可以退押金。

从商业模式的角度来看，它成功做到了让"你、我、他"都愿意。

首先，公司愿意通过共享单车将自己打造成一家互联网租赁平台。

其次，投资人愿意投资，因为共享模式下，小黄车将会得到巨额的押金以及用户数据。

最后，用户愿意支付一小笔押金，让自己的生活更加便利。

小黄车的模式没有问题，为什么还是失败了呢？

原因之一就在于这种商业模式低估了人性，给了用户太大的自由。

小黄车随扫随骑的构想很棒，但是很多人在看到小黄车之后就会有点动心，想要据为己有。因此，出现了不少被加装了私人锁的小黄车。

除此以外，还有很多地方的出租车司机认为小黄车抢了他们的生意，因此趁着夜深人静的时候将小黄车扔到河里或者藏在其他隐蔽的地方。

可能很多人不知道，还是有一家公司在共享单车领域做成了，它就是上市公司永安行。这家公司在商业模式上跟小黄车是一样的，但是多了一个固定桩的设计，这意味着用户在骑行之后需要把自行车锁在指定的位置。这种做法虽然给用户造成了一点麻烦，但是整体上还是解决了问题，用户也愿意使用。更重要的是，永安行在最大程度上避免了自行车丢失的麻烦。

同理，共享充电宝公司之所以可以做成，也是在共享模式的基础上采用了固定桩的设计。

从底层逻辑上来看，共享模式从根本上解决了人性当中"算账"的需求。因为我们在面对新事物的时候都会计算一下这件事到底划算不划算。

以共享充电宝为例，假设我们在外面玩时手机没电了，充电宝也忘了带。而你所在的地方既有共享充电宝，也有卖充电宝的。充电宝的价格是99元；共享充电宝的押金也是99元，1小时的使用费用是3元，使用结束后可以退押金。

你会选择哪一种呢？

大多数人会选择租一个充电宝，因为使用3小时的费用不过才9元钱，而买一个充电宝却要99元，人们多花了90元，会觉得不划算。

总结下来，共享模式如果想要成功，需要做到以下3点：

（1）产品可以解决一些特定场景下的用户痛点。

（2）产品的共享价格要给人划算的感觉。

（3）产品不易损坏，而且不易丢失。

只要能够做到这3点，你的产品就可以快速占领市场，而且容易得到资本的青睐。

● 一劳永逸的模式——平台模式

如果你想赚点小钱，那么只需要做好产品和服务就可以；如果你想要在商业史上留名，那么你必须要开放自己的思维，打开自己的格局。

目前为止，我听过的口气最大的广告语就是阿里巴巴，它要让天下没有难做的生意。先不管它到底能不能做到，但这个广告语的格局太大了。

只有格局真正打开，你才会注意到目前世界上最牛的商业模式——平台模式。

在国内家电需求暴发的年代里，国美电器打造了国内最大的家电零售连锁平台，只要家电品牌想要在国美电器销售，那就必须提供更多的优惠，否则国美电器不允许你进入它的平台。

在各城市快速发展的年代里，万达集团为多个地级市打造了具有吸引力的以万达广场为中心的万达商圈，汇集了城市里大量的人流。万达广场因而成了一个流量属性极强的线下购物平台，并通过租金将人流量变现。

在电商快速发展的年代里，阿里巴巴为全国用户打造了一个线上购物平台。腾讯避开了购物平台的激烈竞争，坚守在社交平台领域。截至2022年3月31日，微信月活跃用户达到了

12.9亿人次。月活跃用户数稳居国内App市场的第一名，这也为腾讯带来了巨大的财富效应。

因此，从严格意义上来看，平台模式包括实体店（线下）和互联网（线上）两种形式。由于互联网平台的优势远远大于实体店平台，本书提到的平台模式主要指互联网平台。

我们来对比一下万达集团和阿里巴巴打造平台的不同，万达集团建造一座万达广场的成本可能需要40亿元；再建造一座万达广场，成本可能还需要40亿元。而阿里巴巴根本就不需要这么多的成本，因为互联网上的商城是虚拟的，想开多大都可以，只需要多租几台服务器就行，边际成本极低。

平台模式最大的难点在于起步阶段，因为有很多竞争对手都在跟你抢用户，你凭什么让用户来到你的平台呢？

我们在互联网模式中提到了淘宝网获取用户的方法，即免费，所有竞争对手收的费用，在你这里全都不要，通过给用户实实在在的优惠，吸引用户进驻。

如果免费模式也不奏效，可能要辅助使用补贴模式。只要补贴力度够猛，用户自然会过来。

我曾为一家洗衣工厂做过商业模式的设计，主要采用了补贴的方法来获取客户。一个人口不到500万的城市，直接补贴20亿元，让大多数家庭平均都能拿到2000元的补贴红包。

如果你是本地用户，你现在拥有了一张2000元的干洗卡，会不会使用一次呢？

因为用户的试错成本接近于零，大多数人还是愿意尝试一次的。只要用户使用一次干洗卡，就会自动变成你的客户，接下来再用其他活动来激活用户的使用频率，这样你就拥有了一个本地化干洗平台。

这还没有结束，因为你的平台主要是为本地居民提供家庭清洁服务的，因此，你可以加入保洁服务。由于用户生鲜采购频率最高，你还可以加入生鲜采购服务。这不但激活了用户的使用频率，还能拓宽平台服务范围。

在这个案例里，我们以干洗作为入口，以补贴作为手段，让用户启动算账思维，从而形成一个具有黏性的本地化平台。这个案例会在本书的第5章为大家详细介绍。

一旦平台建成，用户活跃，后续盈利的方式有很多种。而在建设平台的过程中，平台模式的设计是非常系统化的，我们可能会用到免费模式、补贴模式、入口模式，等等。

通过平台模式可知，任何一种商业模式都不是孤立存在的，而是多种模式的结合体，只是侧重点不同而已。

● 快速开店的秘籍——加盟模式

很多创业者在创业的过程中都会进入一个误区，一旦自己开发出了一个比较系统的赚钱模式，就想借钱来开自营店铺。其实，这样不仅开得慢，而且负债率很高，一旦出现黑天鹅事件，公司可能会一蹶不振。

如何才能在快速扩张的过程中，保持公司的抗风险能力呢？

最直接的做法就是采用加盟模式。

提起加盟模式，很多人可能会不屑一顾，因为这种模式实在太老套了，满大街都是加盟店铺，现在再来做还会有市场吗？

如果你随随便便搞一个品牌就来欺骗加盟商，肯定是没有市场的，而且还可能面临法律责任。

如果你通过创新开发出了一个新的品类，并且在市场上验证过，能够赚到不错的收入，那么你就可以将这个赚钱机会分享给更多的人，只要他们全都赚到了钱，你自然也就赚到了钱。

创业就是这样，不要只关心自己能够赚多少钱，更应该考虑你能帮助多少人赚到钱，只要你能帮助足够多的人，你的财富一定不会少。

在国内通过加盟模式走向成功的企业太多了，比如，蜜雪冰城、周黑鸭、绝味食品等。

在这些企业的创始人创业的时候，身边的人怎么也想不到他们能做到拥有几十亿元甚至上百亿元的身家。毕竟开的都是小店，赚的也是小钱。

如果这些创始人一直在开直营店铺，到现在他们真的不一定能赚到太多钱。因为一次疫情就有可能让这些店铺关掉一半。

这些不起眼的小店铺全都做对了一件事——开放加盟。

在这些加盟品牌中，流量最大、门店最多的要数蜜雪冰城。这个品牌的成功并没有太多的秘密，最主要的一个原因是便宜。

时至今日，绝大多数的奶茶店价格都在10元以上，只有蜜雪冰城的价格始终保持在6—8元。

尽管奶茶本身的成本很低，但是奶茶店的位置至关重要，很多奶茶店都选在了核心商圈，房租是一大笔开支。

在高昂的房租压力之下，没有奶茶品牌敢把价格定在10元以下，否则极易亏本。但由于定位精准，而且一直在优化供应链，蜜雪冰城做到了奶茶价格低于10元也能赚钱。

随着店铺越来越多，消费者也就形成了固定的认知，在对奶茶要求不高的场景下，蜜雪冰城成为第一选择。

截至2021年年底，蜜雪冰城店铺已经超过2万家，估值达到了200亿元。

那么，怎样打造一个比较系统的新型加盟模式呢？

1. 找准细分市场

不管是做奶茶生意还是做火锅生意，一定要找准细分市场。这样做的目的就是快速定位，从而占领用户心智。

2. 快速落地实践

你做的市场定位好还是不好，自己说了不算，市场说了算。只有开店赚到了钱，你才能对外开放加盟。否则你就是在"割韭菜"，是非常不道德的行为，而且也做不长久，赚不到大钱。

3. 大力造势

当前期店铺全都赚到钱之后，你就可以考虑开放加盟了。在开放加盟之前，你必须要学会一个能力，那就是造势。

什么是造势？一定要让所有人看到你的店铺生意火爆的场景。它的表现形式有很多，可以像茶颜悦色开业一样，排队长达3千米，颠覆人们的认知；也可以邀请自带流量的博主到店打卡，增加曝光度。

造势的方法可能有上百种，我们需要根据公司的具体情况做相应的选择。

4. 做强供应链

只有供应链足够强大，才能让竞争对手毫无办法。如果无法提供高效供应链，加盟商就可能赚不到钱，最终品牌也难以为继。

利用加盟模式来打造一个品牌，可能需要的时间比较久，但是对创业者来说，它是成功路上不可忽略的一个模式。

● 快速占领用户心智——极致性价比模式

不管你进入哪一个行业，想要赚取暴利都并不容易。因为总是会有竞争对手报出比你还要低的价格，行业就渐渐陷入价格战中。

如何才能最大程度避免价格战呢？

答案就是在保证产品质量的前提下，直接将产品价格降至任何竞争对手都做不到的极低水平，除非对方愿意亏本甩卖。通俗来讲，很多消费者喜欢极致性价比的产品，这会让他们觉得省钱。

毫无疑问，极致性价比模式主要是为了满足大众市场的需要，所以就不得不放弃高端市场的份额。因为富人更在意产品的体验与感受，并不在乎性价比。

在极致性价比模式上，最具代表性的企业就是小米。

2011年，在山寨手机横行市场的情况下，小米手机强势推出了"小米1"，在配置方面对标苹果手机，价格却不到苹果手机价格的一半（当时售价1999元）。虽然消费者也知道小米手机的体验肯定达不到苹果手机的水平，但是这也是同等配置手机里最便宜的一款手机。

小米手机出现后，在年轻人的圈子里得到快速传播，以至于出现了经常缺货的现象。消费者必须要通过指定渠道来抢，抢不到就要再等一个星期。当时黄牛靠它也赚了一笔钱，他们把抢到的手机加价转手卖给需要的用户。

真正让小米手机彻底扫清低端智能手机市场的是红米手机，其很多款式的售价都在1000元以内，对于当时的大学生来说是最好的选择之一。

在红米手机推出之前，各种各样的山寨手机风靡市场，主要以深圳华强北出品的手机为主。这些手机在1000元以上的市场中毫无竞争力，因此只能通过减配的方式来卖低价。一台卖800元的手机，毛利可能就超过了300元，毛利率接近40%。

红米手机采用的是1000多元手机的配置，价格却只要800元左右，毛利在50元左右。大学生们一眼就能看出红米手机物超所值，瞬间引爆网上舆论。

在红米手机出货量快速增长的那段时间，山寨手机也渐渐退出了市场。

2014年，刚刚成立4年的小米以12.5%的市场份额超越了三星、联想、华为、酷派等企业，首次登上国内智能机市场占有率第一名的位置。

2015年，小米的营收已经高达668.11亿元，毛利润竟然只有27亿元，毛利率低至4.04%。

小米的快速崛起就是极致性价比模式的成功，雷军曾承诺，小米硬件的净利率永远不超过5%。

这意味着小米手机通过不那么赚钱的方式占领了市场，竞争对手只要敢来竞争，就可能会亏本。

极致性价比的核心一定是给用户提供尽可能好的产品，只收取接近保本的价格。通过时间来换空间，最终通过生态或者增值服务赚取利润。

如果我们仔细拆解小米的商业模式，就会发现它不仅仅运用了极致性价比模式，还使用了互联网模式。

极致性价比模式可以帮助公司快速吸引一批原始用户，用户越多，潜在价值越大。互联网模式则是将已有的用户通过合适的方式变现，比如，增值服务、广告费、通道费等。

通过两种模式相结合，小米从硬件生产商变成了一家互联网企业，公司更是打造出新的利润增长点。

因此，任何一种商业模式都不是孤立存在的，只有将多种模式结合在一起才能产生更大的化学反应。

在设计极致性价比模式的时候，需要注意3点：

1. 极致性价比产品必须是刚需产品

在生活中，并不是所有的产品都适合低利润模式，因为有的产品受众很小，不能规模化生产，毛利自然也就很高。

如果将这类产品打造成极致性价比产品不仅把同行全都挤垮了，自己也会饿死。

适合采用极致性价比模式的一定是大众所需要的、可以大规模量产的产品。比如，手机、汽车、智能手表等。我们可以在这些产品上不赚钱，但要获取大量的用户。

2. 不要偷工减料

很多人在产品价格降低之后总是想用次品来代替原来的产品。这种思维是非常危险的，如果这样做，产品质量就不能保证，消费者也会离开。

3. 不要试图提高售价

很多人在卖产品的时候总是想多赚一点，因此会寻找机会将产品价格提高，这是不明智的做法。

假设同样的产品，两个厂家的成本也很接近，都是1000元，一家的售价是1200元，另一家的售价是2000元。

在竞争对手的价格跟自己产品的价格差距较大时，很多人会偷偷涨价来增加利润，这种做法是不可取的。一旦你提高售价，就会给其他竞争对手留下机会，结果你不仅可能没赚多少钱，还会丢失自己原有的阵地，非常不划算。

静下心来想一想，自己家的产品是否适合价值性价比模式？如果使用了这种模式，接下来该利用什么方法增加利润呢？

第 **3** 章

思维模式决定了
商业模式

CHAPTER 3

● 思考思维——深度思考的 9 个步骤

同样是创业者，大家的起点类似，为什么几十年后会差距巨大呢？

最主要的原因就是创业者之间的深度思考能力是不同的。

不管你的起点有多低，只要你能时刻调用自己的深度思考能力，时间就会给你丰厚的奖赏。

创业者的深度思考能力到底该怎么获得呢？

答案就是在正确路径的基础之上不断练习。

多年来，笔者也一直在试图寻找一套可以帮助创业者深度思考的方法。在遍览群书之后发现，用设计商业模式的思维来进行深度思考，不仅可以有效帮助创业者提高营收，还可以帮助他们将深度思考能力变成一种可以随时调用的潜意识。

深度思考方法分为9个步骤：

1. 入口在哪里？

一家企业拥有的入口越多，入口质量越好，生意就会越好。

很多企业为什么会走向倒闭？最根本原因就是其客户太少。

扪心自问，这个社会上需要你的产品的客户少吗？不管你是卖零食的还是卖手机的，只要产品质量中等偏上，需要你的产品的客户一定多到超出想象。

既然这么多客户需要你的产品，为什么还卖不出去呢？

因为这些客户不知道你在销售他们需要的产品，也没有适当的路径指引他们到你这来购买。

如果将路径全部开发出来，你还会缺客户吗？比如，不管客户是在商场逛街还是在网上冲浪，他们所到之处均可以购买到你的产品，你还会怕产品卖不出去吗？

这些所谓的路径就是引导消费者购买的入口，入口越多，优势就会越大。

以淘宝网为例，它本身的流量就已经很大了，但阿里巴巴还是会通过入股微博、收购UC浏览器等方式拓宽自己的入口，让用户可以通过多种渠道进入淘宝。

2. 引流产品在哪里？

仅有入口是远远不够的，因为消费者不愿意在任何对自己没有好处的事物上浪费1秒。

一款性价比较高的引流产品是必要的。我们可以从电商平台上学到一些基础知识，当我们搜索某件商品的时候，一定会发现很多比预期支出便宜得多的产品。

当我们点击进去后，会发现价格是浮动的，商品的配置不一样，价格就会不一样，我们看到的只是低配产品的价格而已。这款吸引我们点击进来的低配产品，就是引流产品。如果消费者都购买最普通的引流产品，商家可能赚不到钱，甚至还会亏钱。

但商家不怕亏钱，就怕消费者不点击。因为只要消费者点击进去，就会发现，只需要加一点钱就可以买到更好的高配版商品，买高配版商品的消费者越多，商家就会越赚钱。

由此可知，设计一款或者几款引流产品是必要的。

3. 策略方法在哪里？

策略方法是思考的核心，因为不仅要让消费者满意，还要让所有参与者从中获利。

企业在扩张过程中一定需要借用其他企业的入口，如果没有任何好处，人家凭什么把入口借用给你呢？

以京东为例，微信为什么要给京东开一个入口呢？因为腾讯曾经是京东的第一大股东，京东发展得更好，腾讯就能赚更多钱。两家公司实现了利益捆绑，因此关系就会比较稳定。

在搞定入口之后，还要思考引流产品怎么设计？是赠送还是低价销售？这是一个问题。

原则上，公司应该在成本最小的情况下获得更多的用户。

4. 规模在哪里？

深度思考的意义在于，让自己做一件对中国商业史有影响的事情。规模是必须要考虑的事情。规模的大小决定了一家企业的发展天花板有多高。

规模的计算方法其实很简单，某个行业在某个地级市的规模有多大，我们通过商业模式赋能之后能够占据多大市场空间？按照类似的比例扩展到全国，再将行业的平均增长速度考虑进去，就是我们有望做到的市场规模。

商业模式本身又会延伸出周边的一些行业，这样规模就会成倍增长。

5. 盈利在哪里？

所有的商业最终还是要回归到赚钱这件事上，区别在于什么时候赚钱？赚谁的钱？

几乎绝大多数企业在卖出产品时都想立马赚到钱，这也是行业竞争激烈的原因。

假设竞争对手都想在产品上赚钱，只有你保本出售，那么你是不是可以吸引很多用户？当你的用户是竞争对手的10倍乃至100倍的时候，你是不是可以通过其他产品赚钱？

如果产品比较特殊，很难在用户身上赚钱，那么是不是可以利用流量优势实现广告变现？

产品的盈利点到底在哪里？取决于产品本身的特性。只要能找到对标企业，就会很容易发现盈利点在哪里。

6. 持续关系在哪里？

不要把用户当成一个你随时可以拿来消费的数字，而应该把他们当成是真实存在于你周围的朋友。

既然是朋友，你就需要花点时间、花点精力来维持这段关系。

如何才能让企业与用户的关系始终如一呢？企业需要根据特殊场景给予用户一定的关心和好处。

很多企业需要用户在注册会员信息时绑定手机号和输入生日信息，系统会在用户生日当天发送生日祝福短信，也会送优惠券等。

千万不要小看发送生日祝福短信这个小举动，它可以让用户内心温暖很久。因为很多人在生日当天根本等不来亲朋好友的祝福。此时，陌生人的一个祝福会让他颇为感动。

7. 资本在哪里？

如今，竞争激烈，想要不借助外力获得成功越来越难。如果有外力可以借助，并不一定是坏事。尤其是具有一定互联网性质的企业，没有资本的助力，真的很难实现梦想。

资本并不仅仅特指高瓴资本、红杉资本、腾讯等知名投资机构，它包括了所有可能给我们投资的人或者企业。

尤其在企业还没有知名度的时候，很难得到顶级资本的青睐。如果能拿到民间资本用于公司发展，也是可以的。

资本入口越多，企业的现金流就会越稳定。

8. 团队在哪里？

在你有了比较全面的构思之后，就需要思考公司现有团队能不能胜任了。如果团队不能胜任，那么，需要的人才在哪里？

一般情况下，在企业发展初期，你身边能够找到的优秀人才就已经够用。随着公司规模越来越大，现有的管理团队可能就不能支撑公司的发展了，这时从其他公司挖人就很正常了。

如果公司刚开始就配备了顶级管理团队，企业并不一定能够成功，因为企业的基础还没有打好。

公司在什么阶段，就用什么人才，不要急于一步到位。欲速则不达。

9. 未来在哪里？

一家未来值钱的公司胜过一家现在赚钱的公司。现在赚钱意味着公司的成长性正在消失，已经进入了成熟期。一家未来值钱的公司则意味着无限可能性，每个投资的人都可能通过这家公司的成长实现财富自由。

未来值钱的公司的主要标志就在于企业的延伸性上。

我们以小米为例，它可以是一家手机公司，可以是一家空调公司，可以是一家游戏公司，还可以是一家汽车公司。它的可延伸性实在太多，因此小米是一家值钱的公司。

只要有空就按照这9步思考，深度思考能力会自然而然形成，助你事半功倍！

● 逻辑思维——创业者要解决的 20 个问题

没有人可以做到100%的创业成功，只要是创业就存在风险，任何一个风险的暴发都有可能让公司走向破产。

创业者唯一能做的就是尽量规避各方面的风险，风险低了，创业的成功率就高了。

不过，快速提高公司抗风险能力的方法就是让企业融到花不完的钱，提高企业的容错率。

怎样才能让企业有花不完的钱呢？创业者至少要解决20个问题！

1. 为什么做这个项目？

投资人希望通过这个问题来了解你创业的灵感或者初心是什么？

创业者可以直接回答，也可以通过讲故事的方法来切入，讲故事会更容易引起共鸣。

比如，大众点评的创始人张涛当年融资的时候是这样说的："我从小在上海长大，深受上海商业文化熏陶。后来到美国留学、工作了几年，回到上海之后发现经常吃的饭店就那几家，于是总想尝试一下其他的饭店，可又怕踩雷，心想要是有一个专门做点评饭店的网站就好了。这不仅可以帮助消费者选择喜欢的饭店，还可以避开很多坑。经过调查发现，目前还没有人在做，我就想为何我不自己做一个呢？"

也正是因为他的这份初心，并且这个平台确实填补了市场空白，所以引来众多投资。

2. 你做和别人做有何区别？

投资人无非是想知道你的产品的差异化在哪里，也就是你的产品在哪些地方是与众不同的？

同样的产品因为思路不同就能产生结果的极大差异。如果别人重视数量，你可以重视质量；如果别人重资产运营，你可以轻资产运营；如果别人集中在网上推广，你可以着重线下渠道的推广。

这里需要突出你的核心竞争力，比如，效率更高，成本更低，用户体验更好等。

3. 用户有哪些痛点？

痛点是投资人必问的问题，痛点到底有多"痛"很大程度上决定了能否融资成功。

能够触达人们痛点的因素有很多，但是总的来说主要有

5个：

（1）可以帮用户解决等待（节约时间）的问题。

（2）可以帮用户少花钱。

（3）可以帮用户化繁为简。

（4）可以帮用户解决安全问题。

（5）可以帮用户解决糟糕的情绪。

4. 有多少用户有同样的痛点？

毫无疑问，投资人想知道这个痛点市场的潜在用户量大约是多少。市场的大小也决定了战略的不同，投资额度也会不同。

其实这里没有好坏之分，小市场也会慢慢变大，大市场也会慢慢变小。比如，主要聚焦二次元用户的哔哩哔哩（B站），原本是一个非常小的市场，顶多有几百万用户。可是随着时间的推移，喜欢二次元的用户越来越多，用户多了，市场扩大了，它也就上市了。

5. 这些痛点急需解决吗？

痛点有真痛点和伪痛点之分。能真真切切解决用户烦恼的就是真痛点，比如，厕所充满臭味，你可以发明一种产品完美地抑制这种臭味。每个人都需要，价格也不贵，人们愿意为此买单。

伪痛点则是看似人们有这个需要，但可以通过一些小妙招完美避开的痛点。比如，上厕所的时候会被马桶里的水溅到身上，有人因此设计了一款防溅马桶，其销量却很惨淡，为什么？因为人们只需要往马桶里放一张薄薄的纸巾就可以解决这个问题，没必要为此换一个马桶。

因此，不急着解决的痛点只能是伪痛点，市场空间有限，投资人也会相对谨慎。

6. 有可行性解决方案吗？

这个问题好像有点多余，因为创业者如果没有可行性解决方案还去融资，岂不是笑话吗？

事实却是，很多时候创业者所谓的可行性解决方案只是他们自己认为可行而已，经不起市场考验。

7. 如果这套方案不行怎么办？

投资人不希望创业者只有一个计划就开始创业，没有备选方案（Plan B）的创业者只是一个不成熟的创业者而已。

也许备选方案也不太可行，但至少在投资人看来，这是一次准备充分的创业。备选方案是一个加分项，是可以让投资人加深印象的一个重要举措。

请注意，备选方案并不是只有一套，而是可能有5种、10种甚至100种。准备越多，就越容易让人相信你能成功。

8. 你是一个爱学习的人吗？

创业没有一帆风顺的，途中我们会遇到各种各样的问题。假如你是一个爱学习的人，那你就可能在遇到问题的时候通过学习提升自己，从而给出更好的解决方案。反之，创业会变得异常艰难。

学习力决定了一个人未来的成长空间大小，它看似与创业无关却又密切相关。

9. 学习的渠道有哪些？

书本、线下培训、网络、亲朋好友、同行等都是很好的学习对象。我们没必要拘泥于某一种学习方式，渠道有很多种，最重要的是每天都要坚持学习。

10. 同行为什么不进入？

投资人想通过这个问题来了解同行为什么看不上这个市场？是你所做的产品技术含量太低还是商业模式太超前（同行看不懂），抑或是你关注的市场太小，同行不愿意花大力气进入。

11. 竞争对手是怎么做的？

投资人想以此来了解你对竞争对手的熟悉程度以及行业概况。你需要通过简短的语言阐述竞争对手在关注哪些方面，具体用什么模式在做。只有充分了解了竞争对手，才能做到知己知彼，百战百胜。

12. 你比对手有哪些优势？

其实投资人是想知道你觉得自己能够打败竞争对手的理

由。可以是创始团队综合素质较高，也可以是技术无敌"给力"，当然也可以是名称、资源、产品颜值等方面的优势。

瑞幸咖啡的创始团队为何融资比较容易，因为他们有着丰富的互联网运营经验，也有着成功操刀公司上市的经验，再加上产品设计具有传播潜力，因此瑞幸咖啡融资相对来说容易很多。

13. 你投了多少启动资金？

投资人希望看到创业者破釜沉舟的勇气，这样他们会尽自己最大的力量去创业。

很多时候，创业者刚有个想法就想融资，自己一点钱也不想投入。这样很容易在遇到难题的时候选择退出。反正自己没有投钱，无非就是浪费了一段时间而已。

14. 未来市场空间会有多大？

市场空间越大越能激发投资人的兴趣，因为那样意味着不设上限的投资回报。

2002年之前，我国的凉茶市场只是众多饮料市场中的一小部分。王老吉看中了未来的市场空间，于是"狂砸"广告，从2002年时1.8亿元的年销售额冲到了2011年的160亿元，甚至超过了可口可乐的年销量。

15. 你的项目将来如何赚钱？

其实投资人也只是想通过这个问题来了解你的盈利模

式，盈利模式是否高级决定了融资成败。

360杀毒软件当年靠免费迅速占领了市场，而后通过硬件、广告、服务费用等业务创造收益，也获得了市场的高度认可，现如今市值上千亿元。

16. 你的核心团队有几个人？

核心团队规模太大还是太小都不太好。人太少显得有点独裁，不利于公司往健康方向发展；团队人数太多的话，对领导人的管理能力是个较大考验。一般创业公司规模以3—5人为佳。

17. 创始团队具备哪些核心能力？

创始团队中能力的互补较为重要，最好每个人都能独当一面。有人负责运营，有人负责开发，有人负责战略，有人负责公司绩效管理等。

只有1+1＞2才是好的团队，这样的团队也更容易引起投资人的注意。

18. 你用什么方法凝聚人心？

创业者想要成功，首先得维持创业团队的完整性，如何确保自己能够让大家齐心协力做一件事，是每一个创业者必须要解决的问题。

凝聚人心的方法很多，比如，制定一个共同的目标，达成之后，拿出一部分期权奖励给团队，相当于用慷慨来笼络人心。"财聚人散、财散人聚"说的就是这个道理。

19. 你的执行计划都有哪些？

执行计划显示了创业者的逻辑性、规划性以及潜在的执行力。

故事讲得再好也只是故事，如果拿到融资却做不出想要的产品，那就成了"事故"。所以，我们必须有一份详细的计划。比如，花多少钱、通过什么方法来换取多少用户？用户的留存率有多少？钱花完之后效果没有达到又会采取什么措施？等等。

20. 想过未来几年上市吗？

一般来说，投资人是想听到肯定的答案的。因为一般情况下只有企业上市了，投资人的回报才能快速变现，然后退出，继续下一个投资。

上市相当于一个目标，要有这样的雄心壮志。因为在我国有句话是这样说的："立大志者成中志，立中志者成小志，立小志者不得志。"

一个真正能用商业模式颠覆行业的人一定是个有强烈成功欲望的人，没有这种强烈成功欲望的人很难成功。

你创业的时候给公司制定过上市计划吗？如果没有，那么现在可以开始考虑了。

20个问题形成了一套完整的逻辑思维链，不断用这种方式进行反思，你会让你的企业越来越值钱。

● 周期思维——抓住行业发展的 6 个阶段

任何一个行业都不可能永远用同一种方法赚钱。

这到底是什么原因呢?

因为任何一个行业都有周期性,这是不可避免的。

当一个新行业出现的时候,能够率先发现其中机会的人一定可以赚到大钱。有了一定的赚钱效应之后,会有越来越多的人加入其中,利润就会被不断摊薄。紧接着,大多数人都开始赚不到钱,行业进入洗牌阶段。在大多数人退出之后,行业再度进入盈利阶段,再有新的一批人进来,行业利润再次被摊薄。这样就形成了一次又一次的周期机会。

传统意义上来讲,商业周期有暴利期、微利期和无利期3个阶段。但在现代商业模式下,多数行业的商业周期已经变为了暴利期、微利期、无利期、让利期、盈利期和活利期6个阶段。

1. 暴利期

暴利期一般是指我们开拓了一个新的行业、新的物种、新的商业模式之后的这个阶段。在暴利期,我们几乎没有任何竞争对手,有比较充分的定价权。此时物以稀为贵,价格高昂仍然不愁卖。

想要抓住暴利期就必须具备极为敏锐的市场观察力,充分了解市场的需求，具有超强的创造力。

在人们都在使用马车的时候，德国人卡尔·弗里特立奇·本茨（戴勒姆-奔驰汽车创始人）在1885年研制出世界上第一辆马车式三轮汽车，1886年1月29日，本茨的第一辆三轮汽车获得了"汽车制造专利权"。这一天被大多数人称为现代汽车诞生日。汽车的诞生几乎宣告了马车时代的结束，那个时候的汽车生意简直是一片大蓝海市场。

人生只有一次，因此生命的价值也就不言而喻。很多医药企业抓住了人们这个心态，努力研发可以治疗绝症的药物，谁先研制成功，谁就能领先行业几年时间，拥有一段暴利期。

值得注意的是，能够享受到行业暴利期的创业者大多具有极强的冒险精神，他们不怕失败，不怕血本无归。如果不具备这种精神，最好不要去尝试。

2. 微利期

市场上有这样一种现象：一旦发现别人通过某种方法赚到了大钱，其他人也会毫不犹豫地去做同样的事情。随着加入的人越来越多，暴利期很快就会过去，进入微利期。

微利期形成的原因就是竞争的日趋激烈。现在全世界都没有永远暴利的行业（独家专营除外），只有不断地在原本行业的基础上推陈出新，才能构建暴利商业模型。

3. 无利期

在一个新产业出现之后，最先进入的大口吃肉，稍后毫无怀疑跟进的喝汤，犹豫半天错过了最佳时机的则成了买单的人。

人们思维方式的差异决定了行为的千差万别，很多想要赚钱的人总是怀疑这个、怀疑那个，想等等看。等到别人都赚到钱的时候，他再火速冲进去，此时市场已经被分得差不多了，进去的人往往会成为某个行业末期的"韭菜"！

最早开奶茶店的人是聪明的，几毛钱的成本卖出几元钱的价格，很快就积累了丰厚的资本。随后奶茶店慢慢增多，很多人看到生意还不错，就想自己也投资几万元开一家店。可是当他们的店开起来后，发现一条街上竟然有七八家奶茶店，如此激烈的竞争能不亏钱就已经是万幸！

4. 让利期

很多时候，商家在看到无利期到来时想的都是要么关店，要么转行。却鲜有人使用让利模式让自己先活下来。

大家有没有发现一个现象，在很多小区门口，一共不到30家的店面中有四五家都是水果店，竞争非常激烈。每天老板们都站在店门口吆喝打折促销，却收效甚微。随后，店面老板就会一轮一轮地更换。细问之下才知道，一家水果店一个月只能赚几千元，还不如夫妻俩出去打工一个月赚得多呢？

这种现象一定不只是水果店会遇到，很多行业里都存在这样的问题。看似进入门槛很低的行业中，实际上存在着无利的陷阱。难道我们只能选择关门吗？

继续拿水果店举例，小区居民吃水果的刚需是存在的，水果店之间的竞争无非就是一个零和游戏，你多卖一点，对方就少卖一点。这是一场看谁坚持得时间长的比赛，如果你把其余几家全部打败，是不是就可以承包整个小区居民的水果需求了？

此时，不能斤斤计较现在的得失，因为大家都不赚钱。你只能采用让利模式，让消费者得到实实在在的实惠，让你的水果店得到大部分客户的认可，那样其他店铺终有一天会熬不住的！

5. 盈利期

客户量就是盈利的根本，通过让利得到了一定数量的用户后，必须再采取一种合理的变现渠道来实现盈利，最终让企业进入盈利期。

比如，一家水果店通过让利模式打败了其他竞争对手，实现了小区域的垄断后，可以采取小幅涨价的方式来提高利润，但这是一种比较低级的玩法，会导致其他水果店进来挑战你的区域垄断地位。

假如你一直保持较低价格，而从模式创新上获得利润，这就会形成你独特的护城河。

比如，你的商品价格仅仅能够保证不亏损，在这种状况下，你可以采用充会员卡送榨汁机的方法提前锁定一部分资金，用这部分资金来实现利润增长。也可以通过增加销售水果的周边产品来实现利润的可持续增长。还可以从包装袋上下功夫。比如，找一些房地产公司、中介公司等其他行业合作，为它们打广告，你从中收取相应的广告费用。

6. 活利期

盈利期虽然让企业经营状况有所改观，但是还不能真正让经营者高枕无忧。真正让人高枕无忧的策略是打造企业的活利期，用一种模式锁定人们未来几十年的消费习惯，这才能让你成为真正的人生赢家。

阿里巴巴和腾讯在这一点上就做得很好。阿里巴巴的产品支付宝涵盖了我们生活中的教育、医疗、娱乐等环节，让我们不知不觉就使用它。也许以后的人脸识别技术成熟了，可以不用手机了，但是人脸识别的基础是通过支付宝这样的平台进行操作，所以它基本上已经锁定了我们未来几十年的消费习惯。腾讯则通过社交平台将人们紧密联系在一起，几乎没有人不需要社交吧？所以，这就是阿里巴巴和腾讯"两家独大"的原因之一。

因此，不管我们现在做的是不是互联网企业，一定要有互联网企业的思维，用一些优质的服务或者产品，终身锁定消费者，让消费者跟你产生永远的联系，这才是最牛的商业模式。

现在，静下心来思考一下，你的行业现在正处于什么阶段？你有什么方法让行业在不知不觉中进入活利期，让用户跟你捆绑一辈子？

● 认知思维——9种不适合创业的人中有没有你？

创业的成功与失败，跟一个创业者的认知水平有较大的相关性。认知水平越高，思考问题的维度就越高，成功的概率也就越大。

在创业之前，创业者至少要对创业有一个最基本的认知，要知道什么人适合创业？什么人不适合创业？

结合相关理论研究以及自己的经验，我们发现只有一种人适合创业，其余的9种人都不适合。这也是创业"九死一生"的原因。

什么人最适合创业呢？研究发现，最适合创业而且创业成功率极高的就是那些对解决某些痛点抱有强烈欲望的人。

首先，只要是社会普遍存在的问题，就很有可能是一个痛点。唯一的区别就是痛点大小的问题。

其次，我们对待痛点的态度决定了我们是否适合创业。

从人的本能上讲，人在遇到痛点和困难的时候会选择退缩或者妥协，但是有的人则会想方设法解决它们。

如果你在发现痛点的时候，有坚定的信心解决它，并且愿意投入数十年的时间与之相伴，那么你就是适合创业的。

举个最简单的例子，在个人计算机刚刚流行的时候，计算机病毒成了人们最讨厌的东西。这个时候，很多软件公司都推出了杀毒软件。按理说这应该是一件好事，解决了一个用户痛点。可是它又带来了另一个痛点，那就是软件付费的问题。

在发现这个痛点之后，周鸿祎斥资数百万元研发出了360杀毒软件，不仅用户体验好，而且永久免费，这让奇虎360很快就得到了用户的支持，成为杀毒软件领域的龙头老大。

那么，具体又是哪9种人不适合创业呢？

1. 想成为自己老板的人

作为员工，身在职场，总是会有各种各样的无奈，也会遭受上级各种各样的批评。很多人在有了一点小积蓄之后就想自己创业，不再受其他人的约束。

这些人大多是对创业没有正确认识的人，只是想摆脱职场的压抑环境而已。他们认为自己成为老板后，就算犯了错，也没有人会批评他们。

由于缺少必要的商业知识，这种人在创业之初会遇到各种各样的坑，也会因为恐惧失败而产生心理压力。在压力的驱使下，一旦生意在半年之内没有好转，他们就会宣布破产。

实际上，很多生意是需要长期经营的，只有用心经营，客户才会越来越多。

2.想快速出名、快速暴富的人

短视频时代放大了每个人的野心，也给人一种成功很容易的错觉。很多人利用短视频不仅做到了年收入过亿元，还成为炙手可热的创业榜样。

如果只看到快速成名的创业者就会陷入"幸存者偏差"。还有很多人想要快速成名，结果亏得一塌糊涂。

在中国有一句古话是"欲速则不达"，创业不是一个拼速度的游戏，而是一个比拼耐力的比赛。有些企业看似走了捷径，但是很快就会有相应的负担压到身上。

创业者只要低头做好产品，解决用户痛点，名利双收只是时间问题。相反，越是急于出名、急于赚钱的人，越容易损失惨重。

3.想要逃避无聊工作的人

很多人可能在工作岗位上也没有遇到过太多的批评和压力，但就是感觉工作实在无聊，看不到未来。

人在无聊的时候，常常会思考人生的意义。可能他们思考的结果就是准备创业，让自己体验一种从来没有体验过的人生。

事实上，创业很有可能无法帮助创业者找到人生的意义，反而会快速消耗掉他们的积蓄。当你真正开始创业的那一天，你之前的收入模式就被彻底打破，每天睁开眼就意味着负债。如果你没有很好的创业方向，失败是注定的事情。

如果实在感到无聊，不如换一份自己想做却不敢做的工作，不要在乎工资，这样的工作一定不会让人感到无聊。

4. 跟风创业的人

很多人创业并不是真正找到了自己的目标，而是因为身边的人都创业了，如果不创业，会显得自己不如别人。

其实，这是一种常见现象，不过我们还是要摆正自己的心态。看看自己真正的强项是什么？如果没有经商的能力，就不要强求，踏实工作比打肿脸充胖子要好很多。

5. 为了让别人满意，自己不情愿地去创业的人

很多时候，创业者并不是自己想创业，而是因为周围人给他施加了压力，从而走上了创业之路。

我认识一位创业者，他做中介赚了很多钱。可是他老婆认为这并不是正经生意，只有创办有产品的公司才叫创业，男人就应该做一番大事业。在老婆的鼓动之下，他踏上了创业之路。

在不了解市场的情况下，他两眼一抹黑就开始招人、生产产品。可是产品生产出来之后，怎么卖就成了大难题。在使

用了各种方法之后，货物还是在仓库里一动不动，最终只能选择关门。

6. 想要被尊重的人

在现实中，绝大多数人都是普通人，在职场中的存在感可能很低，可有可无。每个人都想要身边的人看到自己，尊重自己，于是走上了创业之路。

创业之后，你会发现感觉还不如创业之前。你可能会为了一单生意，一次又一次去求一个核心管理人员。如果你得不到尊重，就难以完成经营管理工作，进而被淘汰出局。

7. 不想错过机会的人

我们身边总是有一种人，看到机会来了，才决定无论如何都要硬拼一把。殊不知，机会是给那些早就准备好了的人，而不是临时抱佛脚的人。

更何况我们身边总会有一个接一个的大机会出现，不要为了一个没有准备好的机会而懊悔不已，因为那可能本来就不属于你。

8. 想让生活更刺激、更有意义的人

很多人的生活就像一潭死水，没有一丝波澜。这样的人可能会觉得不甘心，想要让生活刺激一点、充满意义一点。但是，一旦死水在没有任何准备的情况下被引入活水，很有可能会让你永远失去自己本有的那一丝宁静。

9. 想要改变世界、改变人类进程的人

这个世界确实是在被一群"疯子"改变，他们也敢于说出"我要改变世界"的口号。可是这句话并不适合大多数人，因为很多人就连自己都没有办法改变，改变世界也只是一句口号而已。

创业要的是脚踏实地，而不是口号震天。在有了一定的经济基础或者群众基础之后，你再喊改变世界也不晚。

可能有的创业者在看完本节之后觉得自己属于不适合创业的那种人，这该怎么办？

这要看你的项目进展程度，如果项目还在筹划中，那么不妨先冷静下来，看看自己是否具有强烈的欲望解决用户痛点？如果没有，就可以先磨炼一段时间。

如果你的创业项目已经展开，正所谓开弓没有回头箭，那就努力通过学习或者自醒来让自己成为一个能够解决用户痛点的人！

只有具备解决用户痛点的强烈欲望，再辅以适合的商业模式，才能大大提高创业成功率。

● 定位思维——产品定位的 10 个原则

这个时代很好，每天都有新的财富传奇诞生；这个时代

也很残酷，每天都有旧的模式被颠覆。

在笔者的办公室里，经常能看见满眼放光的创业者，也常常会看见愁眉不展的创业者。

有些创业者会因为自己拥有绝佳的产品、商业模式而满眼放光，同样也会有创业者因为公司的业绩下滑而愁眉不展。

不管怎样，我们需要明白一个事实，现在创业的难度的确增加了，以后肯定还会越来越难。

成功的原因往往不尽相同，失败的原因却有可能非常相似。

通过笔者与数百位创业者的接触，发现很多创业者在创业第一步就错了，所以其所创办的企业业绩下滑也就再正常不过。

如果不能赶紧改正，那么未来就不是业绩下滑这么简单了，可能很快就会亏损！

创业的第一步是什么？

并不是急于投资建厂开店，而是先思考产品的定位。如果产品定位很模糊，你就只能跟竞争对手打价格战，而打价格战的结果就是没有赢家。

可是一提到定位，创业者就会很迷茫，不知道具体该怎么做？

根据对当前市场主流定位方法的研究，并根据博多·舍费尔在《定位》中提出的理论，笔者总结出10个产品定位的主要原则：

1. 成为细分领域的第一

大部分人都知道世界第一高峰，却不知道世界第二高峰；大部分人知道世界上第一个进入太空的人是谁，却不知道第二个进入太空的人是谁。这并不是说获得第二名没有意义，而是说人们的记忆空间非常有限，只会用潜意识记住某个领域的第一名，对第二名的印象会相对模糊。

比如，你想制造一款大众手机，就很难做到销量第一，但你可以努力制造一款老年机，成为老年机中的第一名。如果做不到老年机中的第一名，你可以再细分，成为老年人视频手机领域的第一名。

成为细分领域的第一名，最简单的方法就是成为首个定义某一痛点的品牌。在王老吉出现之前，市场上已经有了各种各样的饮料，不管怎么定位都会有其他饮料的影子。随着顶级营销机构的介入，王老吉抓住了"怕上火"这个特点，成为"去火"饮料领域的第一品牌。

用王老吉这样的定位方法，你也可以成为某一概念细分领域的第一品牌。

2. 如果做不到第一，那就缩小范围

在2021年的东京奥运会上，除了获得金牌的杨倩、管晨辰受到大量关注，还有一个人在决赛中虽然只获得了第六

名，关注度却极高，他就是"苏神"苏炳添。

苏炳添为什么获得这么大的关注？因为他在男子100米领域做到了中国第一甚至亚洲第一。

换句话说，只要你将范围缩小到一定程度，你就是第一。比如，公司生产了一款矿泉水，在全国范围内不值一提，但是销量可能是省里的第一名。如果不是省里第一名，也可以做到市里第一名。

假设一个品牌一直在强调它是本地的第一名，那么它一定不是全国的第一名。即便如此，它同样可以获得巨大的营销效果，至少可以得到当地消费者的认可。

3. 更好不如与众不同

很多创业者在介绍产品的时候，总是很自信："我们的产品质量比某某大品牌还要好。"

可问题是，消费者只认大品牌，不会认你的产品。就算你的产品真的更好，如果与同类产品没有明显差别的话，消费者依然会认为你是在忽悠他们。想让自己的产品获得明显与众不同的效果，谈何容易？

以茶叶行业为例，这个行业有数不清的同行，他们都会说自家的茶叶更好。但茶叶与茶叶之间的差别非常小，不是专业人士尝不出来。怎样才能在茶叶领域打造出独特性，让消费者知道你的产品质量很不错呢？

小罐茶给同行做了一个榜样，它将产品装进了小罐，一下就跟其他品类区分开了，从而成了茶叶行业比较有记忆点的产品。

小罐茶除了在包装上下功夫，在营销上也别出心裁，它聘请了8位制茶大师代言，在大师的光环之下，小罐茶让人觉得它的质量达到了中上等水平。

4. 要做就做 100 分

假设行业的平均水平在60分左右，很多人认为只要自己做到80分，就具有很大的优势了。实际上这根本不够，因为你的同行也能很快做到80分的水平，这就会倒逼你不断改进。

与其这样，不如一步到位，直接打造出100分的产品，无论是包装还是产品本身的设计，一定要将细节都处理得很好，让同行短时间内无法超越。

只有做到完美，才能劝退同行，否则就是在给竞争对手机会。

5. 切入口要精准而不是广泛

假如现在你生产了一款洗发水，并告诉大家你的洗发水既能去屑，又能防脱，还能保湿，那么消费者会认为你的产品没有太大亮点，因为功能太广泛了，很难精准吸引消费者的注意。

反而是那些切入某个细分领域的洗发水更受欢迎，比如，只强调防脱、润发、去屑中的一个。

也许你的产品亮点很多，但你必须舍弃一些，保留最具特色的那一个。

6. 专业化很重要

无论做哪个领域，你都要快速成为这个领域的专家，否则别人会因为你是外行而对你的产品产生不信任感。

试想一下，你会找没有接受过医学知识专业学习的人看病吗？就算这个人真的治好了一些人的病痛，患者内心也会很忐忑。

7. 产品至少能够为消费者解决一个问题

如果我们的产品是无效的，那么消费者就会说我们是骗子、虚假宣传，这种做法是不能长久的。

你要找到精准的用户群体，至少为他们解决一个问题，这样当有人遇到同样问题的时候用户就会主动推荐你的品牌。

无效的产品只能流行一段时间，有效的产品却有可能流行数十年，乃至上百年。

8. 聚焦某个特定群体

很多人做产品时总是希望所有人都用自己家的产品，而实际上这是不可能的，还可能会让你浪费大量广告费。

你必须将产品瞄准某个特定的群体，比如，25—35岁的宝妈、40—50岁的女性职场精英等。

产品越聚焦，越容易让用户范围向外延伸。例如，哔哩哔哩最早吸引的是一群喜欢二次元的用户，但随着哔哩哔哩的影响力越来越大，很多对二次元无感的用户也开始涌入哔哩哔哩。

假设哔哩哔哩刚开始就是为所有用户开放的，那么它可能根本不是腾讯视频或者爱奇艺的竞争对手。反其道而行之后，哔哩哔哩成为视频领域不可忽视的巨头，这也是聚焦的力量。

9. 要广而告之

自家的产品定位做得再好，别人不知道也是白搭。你需要通过广告或者新媒体渠道全网分发，尽可能多的让潜在用户看到。只有用户看到的次数足够多，你的产品才能起到占领用户心智的效果。

10. 完美的定价策略

在产品定位做好之后，还有一个很关键的步骤，那就是给产品定价。你是采取低于同行价格的策略展开价格战，还是选择跟同行差不多的价格，抑或使用高于同行价格的策略走高端路线？

就目前而言，国内产品定价策略主要有两个原则，一个是价格战，走性价比路线；另一个是走高端路线，对标国际品牌，且定价要比国际品牌低20%左右。

现在再来对照一下,你们的产品定位缺少了哪几个步骤呢?

● 路径思维——打造上市公司的 18 个步骤

创业路上,为什么有的创业者可以在3年之内将公司打造上市?而有的创业者努力了20年,公司依然是个小公司?两者最大的区别就在于是否有清晰的路径规划。

那些只用3年就能将公司做上市的创业者并不是运气好,而是因为他在创业之初就已经设计好了公司上市的步骤。只需顺利完成每个步骤,就能让公司走上上市之路。

反观绝大多数创业者,他们可能从来没有想过要上市或者做到区域第一名,因此,他们每年都在原地打转,错失了大好的发展时机。

当然,也有很多创业者并不是缺少野心,而是缺少必要的路径规划。假设所有创业者都了解一家公司从0到1的路径规划,那么一定会有很多创业者变得更加优秀。

路径规划最有意思的一点在于在你有了一次成功的经验之后,会更容易打造出另外一家上市公司,因为它们的底层逻辑是相通的。

不管是阿里巴巴还是京东,它们都不是只有一家上市公司,而是围绕着生态延伸出了很多家上市公司。以京东为例，京东旗下包括京东物流、京东健康等多家上市公司。

创业者如何打造出一家类似于京东这样的上市集团呢？只需要做到以下18个步骤，你就有可能打造出自己的第一家上市公司，而第二家、第三家上市公司只需要复制第一家的路径就可以了！

1. 选行业

创业之前，我们得选好行业。如果行业没有选对，那么结果就有可能事倍功半。

什么才是好的行业呢？至少要满足3个条件：

（1）这个行业市场空间要足够大。如果行业市场空间很小，资本是不会喜欢的，那么你就很难获得融资。

（2）这个行业代表着未来。比如人工智能、自动驾驶、大健康等。如果你告诉投资人你想去挖煤或者炼钢，投资人一定会对你敬而远之。

（3）自己非常喜欢这个行业。创业者可以没有相关行业经验，但是一定要喜欢这个行业，而且能够拿出100%的热情投身其中。如果你对这个行业不感兴趣，那么你很难坚持下去。

2. 找细分

一个市场空间巨大的行业一定可以拆分成多个细分市场，比如，饮料市场可以细分为碳酸饮料、功能性饮料、酒精饮料等。只要你想，还可以将碳酸饮料再度进行细分，比如无糖碳酸饮料、含糖碳酸饮料。

细分的好处就是可以避开与巨头们硬碰硬的机会，让我们有机会成为某个细分领域的龙头。

3. 挖痛点

无痛点，不创业。创业的本质就是来解决某个行业痛点的，如果我们挖不出行业的痛点，不能解决某个社会问题，就会出现产品定位不清的情况。

也许某个行业已经有了解决这个市场痛点的产品，但是这个产品可能存在价格贵、用户体验差等缺点，创业者只要能将这些缺点进行优化，就很有可能异军突起。

总之，不能解决社会问题的公司是没有价值的。

4. 给解药

在我们挖出某个行业的痛点之后，能不能给出最适合的解药？这是一个问题。

假设我们是在帮助普通百姓解决问题，那么产品一定不能太贵，性价比定价策略会是一个好选择；假设我们是在帮助有钱人解决问题，那么卖的就是用户体验，极致的用户体验可以获得这种目标用户的青睐。

5. 定模式

在我们针对市场痛点开发出了产品或者服务的时候，还不能急着销售，因为采用什么模式决定了你的销售效率。

这个时候我们一定要自己设计一套或者是找专业人士设计一套当下最牛的商业模式。

不过在定模式前要先研究，同行的商业模式是怎样的？我们的商业模式效率是否达到同行的10倍以上？

6. 搭团队

再好的模式也需要合适的团队来执行，如果什么事情都让创业者去做，那么创业大概率不会成功。

此时最好搭建一个能力互补的团队。团队成员各司其职，有助于公司快速达成目标。

7. 建平台

如果只有产品、模式和团队，那么我们依然是一个传统的公司；如果我们能借用互联网思维走平台路线，那么市场空间瞬间就会扩大100倍都不止，这就是平台的力量。

平台不一定局限在电商平台上，还可以是一家社交平台、游戏平台、软件平台等。

8. 做招商

如果我们可以像雷军一样组建"创业天团"，那么就可以直接进行融资。然而大多数创业者都达不到这样的条件，最终我们只能脚踏实地从招商做起。

将成就事业的机会卖给那些能够领悟我们的商业模式和商业前景的人。只有更多的人愿意用资金来支持你，才能证明这套模式是可行的。而且招商收入越高，公司的现金流越健康，生存的时间越长。

9. 拉用户

在有了平台和资金的情况下，我们就需要按照设定的模式来拉新用户，争取让用户成为平台最值钱的资产。

拉新用户的方法有很多，包括地推、免费、补贴、低价等。

10. 搞融资

相对来讲，资本是非常注重平台用户数的。如果一个创业者可以做到低成本获客，那么资本就有信心给你数倍的资金去"砸市场"，因为这种模式下资本的收益也可能达到几十倍甚至上百倍。

截至目前，很多互联网巨头的获客成本已经超过了1000元，如果你能用10元就拉到一个新用户，你的获客成本就是互联网巨头的1/100。这个成本优势将让你获得更多资本的关注。

11. 扩规模

在企业拿到融资之后，"招兵买马"是必然步骤。目的就是快速占领更多的市场，让企业规模快速达到资本的预期。

企业规模包括员工规模、生产线规模、分公司数量等。企业规模越大，意味着更高的市场占有率。做到第一名为佳，因为不管是资本还是消费者，都会更加信任细分领域的第一名。

12. 拿数据

当投资款到位、企业也达到一定的规模以后，下一个目标就是拿到更好的数据，比如营收、利润、获客成本等。

企业的数据表现良好，是非常有助于创业者持续获得融资的。

13. 布生态

平台发展到一定程度一定要走生态路线，不管是阿里巴巴还是京东全都在布局生态。只有利用生态组成一个闭环，才可以实现利润的最大化。

生态还可以通过品类覆盖，不断做宽做深自己的护城河，让竞争对手无可奈何。

14. 抢地盘

商业世界一定都是遵循丛林法则的，当我们的生态布局完成后，下一步就是做大做强。

一个好的商业模式必定会抢走竞争对手的市场份额，这是没有办法的事情。

15. 重服务

如果你的战略进展顺利，有可能已经覆盖到了全国的绝大多数城市的市场，那么这算成功了吗？未必。

因为消费者可能只是一时兴起，或者被你的营销活动吸引了，等你的营销活动过去，他们很有可能立马又转向了另外一家公司。

如果想要留住客户，就需要加强服务的质量，提高客户的忠诚度。

16.夺心智

企业与企业竞争的低级表现是产品与产品的竞争；企业与企业竞争的高级表现则是心智与心智之间的竞争。

卖保健品的那么多，为什么我们可以轻松记住脑白金？因为它占领了众多老百姓的心智，想忘都忘不了。

试想一下，假设你的产品可以做到有脑白金这样的知名度，那你还会缺少客户吗？

17.定江山

如果找到了占领用户心智的方法，一定要加大投入力度，力求一举击溃竞争对手的封锁，最终成为行业的老大。

20多年前，在与其他纯净水品牌竞争的过程中，农夫山泉率先推出了天然水更健康的概念，占领了很多人的心智。之后，农夫山泉又通过"农夫山泉有点甜""我们不生产水，我们只是大自然的搬运工"等广告语占领众多人的心智，最终成为水市场中的老大。

18.赢未来

一个平台不应该只盯着消费者的口袋，更应该为消费者提供一种无法抗拒的生活方式，最好可以将用户绑定一辈子，让用户欲罢不能，这样在未来还能赚到消费者的钱。

任何一个创业团队，只要能够严格按照这18个路径成长，并且一一落实到位，公司的未来一定是无比光明的！

● 导航思维——创业成功的 9 个必备要素

如果在你从来没有去过北京的情况下让你开车前往，你要做的第一件事是什么呢？是不是先打开导航？不管你是否去过北京，只要有导航辅助，你的内心就非常安定。

原因很简单，现在的导航不仅可以帮助你到达目的地，还能根据实时情况选择一条最优路线，让你用最短时间到达。

假设没有导航，你只能边走边问，不仅行程会变慢，甚至还有可能南辕北辙，让你离北京越来越远。

创业就类似于开车到一个从来没去过的地方，有"导航"帮助之后，你可以既快又安全地到达。反之，则容易出现原地打转的情况，甚至倒闭破产。

如果现在有一套智能"创业导航"，你要不要立即安装在你的"创业快车"上呢？

就目前而言，"创业导航"还不能做到完全智能化，这也是我们这些创业研究团队需要继续优化的地方。不过，我们已经可以在创业之路上做好"路标"，只要按照"路标"行走，就大概率可以到达目的地。

经过多年的总结，我发现很多成功的企业，尤其是成功的实体企业，都具有以下9个要素，它们分别是产品、团队、市场、服务、赚钱、招商、模式、融资和上市。

这9个要素就是创业路上的"路标"，目的地不同，"路标"的顺序也会不一样。

如果公司以上市为最终目的，我是这样排序的：

1. 定位细分市场

俗话说："选择大于努力"。选择行业的不同也就决定了事业高度的不同。

有的人志向很大，一上来瞄准的就是万亿级市场，为的是成为下一个中国首富；而有的人则更加崇尚小富即安，瞄准一个百亿级市场，只要占据1%的市场，也足以实现财务自由。

值得注意的是，万亿级的市场很大，同样竞争者也会更多，市场相对更加成熟，毛利率相对较低。百亿级的市场可能因为参与者较少，才会形成一个小的圈子。不过正因为这个市场中竞争者较少，反而拥有了高毛利的机会。

仅仅选定一个市场之后，并不能保证产品脱颖而出，因为产品可能与其他企业雷同。此时，我们必须找准一个市场定位，做这个细分领域的第一名。

2. 开发核心产品

这是一个爆品频出的时代，也是一个产品过剩的时代。如果我们不能拿出爆品，那么我们的产品就很可能成为剩品。

如何开发出核心产品即爆品呢？主要有三种方法：

（1）自己研发设计，完全原创出品。这是创业过程中非常难的一件事，因为你可能要经历上千次的试验，还要申请数不清的专利。有工匠精神或是有精神洁癖的人会选择用这种方法打造核心产品。

（2）内核产品微调，外观大为改善。现在许多人口口声声说消费升级，但其实很多都只是包装升级。很多营销型公司的产品一般，主要卖的是营销和包装。这种情况在制造行业非常常见，尤其是国内红火的零食市场。这种方法最容易做，花销相对也不是很大，主要成本在营销上面。

（3）直接购买别人的产品。有的产品本身无论是质量还是颜值都很不错，但是缺乏必要的营销，导致产品销量不好。创业者可以直接出资买下这个品牌进行营销宣传。这种做法在20世纪90年代的保健品市场比较常见。

3. 搭建创始团队

在有了好定位、好产品之后，再去找创始团队会更容易吸引到优秀的人才。当一家公司什么都没有的时候，创始人邀请他人加入的难度会很大。毕竟优秀的人才往往并不缺少工作机会，他们缺少的是可以实现梦想的确定机会。在产品有了雏形之后，他们只需要运用自己比较擅长的销售技能就能让产品大卖，这是皆大欢喜的事情。

创始团队的搭建讲究能力的互补，只要每个人都有特别擅长的能力，合在一起就是一个完美的团队。

4. 设计商业模式

在物品短缺的年代，只要有产品就不愁销售。在物质逐渐丰富的年代，只要会做广告，你的产品也同样不愁卖。如今，我们不仅要做好产品、做好广告，还要设计好商业模式。

当前已经进入了"无模式不创业"的时代。不管你是做什么行业的，如果你没有采用好的商业模式，任何一家企业都可能成为你的竞争对手。相反，如果你采用了好的商业模式，而竞争对手都没有使用，那他们可能连自己是怎么失败的都不知道。

放眼互联网行业，不管是阿里巴巴、京东还是拼多多（上海）网络科技有限公司（简称"拼多多"），无一不是优秀商业模式的产物。缺少优秀的商业模式，只能"任人宰割"。

5. 拿到首笔融资

当别人都在融资的时候，你还停留在用自有资金发展的阶段，就很可能会被后浪拍在沙滩上。

某饮料企业创始人10多年前曾登上中国富豪排行榜之首，可是很快就被众多后辈超越，这是为什么？

这在很大程度上跟他的思维有关系。其产品不够新潮，经营模式也没有变化，不融资也不上市。融资说白了就是加杠杆，不融资则失去了杠杆。有杠杆的人连地球都能翘起来。

因此，当你有了团队、好产品和好的商业模式之后，融资就成为重中之重。拿到融资不仅可以帮助团队更快速成长，还能证明你的企业发展得到了资本市场的认可。

6. 启动全国招商

成功的融资就是对自己品牌的认可，也是给品牌的信用背书。此时，最主要的想法就是如何把自己的产品快速推向全国，如果可以的话，你的产品市场占有率会呈现爆发式增长。

通过招商，公司不仅能招来很多有经验的合伙人，还能拿到更多的加盟资金。

7. 做好配套服务

在产品迅速推向全国的时候，也是企业服务较为薄弱的时候。公司必须在这个时候大力补足自己的短板。如果不能在此时做好相应的配套服务，那么产品的成功也就是空中楼阁而已，早晚崩塌。

如果是餐饮企业，一定要注意食品安全问题；如果是互联网企业，一定要做好用户体验。

做好了配套服务就意味着提高了竞争门槛。你做得越完美，竞争对手战胜你的机会就越小。

8. 赚取隐形财富

在利润达成构建商业模式、提高市场占有率和提升服务水准之后，企业就开始赚钱了。但是在赚钱的过程中，企业最好放弃所有人都能看得到的盈利，赚取背后看不到的盈利。

我们以淘宝网为例，表面上看，淘宝网是一家电商平台，应该赚取交易佣金。然而，佣金只是淘宝网的一部分收入而已，淘宝网实际上更像是一家广告公司。在淘宝网，商铺缴纳的广告费越高，店铺排名越靠前。

9. 上市辅导

在我国，绝大多数企业的最终目标就是融资上市。有创业者表示，上市只是公司又一个新的起点，实际上也是很多创业者圆梦的时刻。

很多人创业的目标并不是做一家伟大的企业，而是做一家可以赚钱的企业，最终让自己变得富有。上市就是这样的变现途径。因此在我国的股市中，有不少创业者上市之后就开始大笔减持。

要注意，创业的"路标"跟我们所处的行业息息相关，不同的行业会造成不同的"路标"排序。

"路标"有了，导航也就有了，你会比竞争对手更快到达目的地。

● 利他思维——"赢"字的 8 个思考角度

众所周知，创业的目的就是要"赢"，可是我们大多数人理解错了"赢"字的真正含义。

绝大多数的创业者将"赢"理解成了"我赢"，而忽略了"他赢"。

目前主流的商业模式是先让别人实现"大赢"，自己顺便实现"小赢"。不过，假如你能在让别人"大赢"的同时，自己积累到足够多的用户，这样的"小赢"也会是别人眼中的"大赢"。

归根结底，创业胜利的秘诀就是两个字：利他。只有先给用户提供价值，用户才会对你的品牌产生忠诚度；只有先让合作伙伴赚到钱，他们才愿意帮你赚更多的钱。

利他的核心就是让其他人"先赢"，你跟着"后赢"，最终实现所有人"都赢"。利他思维也同样是商业模式设计的核心，它可以帮助解决如何让"你、我、他"全都愿意助力创业的问题。

最近10年来，笔者看了3000本左右的商业书籍，专门研究如何"赢"。通过融会贯通，我总结出了一套"赢思维架构学"，相信可以给正在创业路上的创业者们一些启发。

根据自己多年的经商经验以及与上百位企业家交流心得，总结出了个人认为的"赢"的定义。

"赢"字最上部分是一个"亡"字，看似不太吉利，实际上它是在提示创业者要时刻怀抱敬畏之心。

毕竟创业开公司不是儿戏，只有用严肃的态度对待，时刻充满危机意识，这样的企业才有可能赢。

但只有危机意识并不能保证企业赢，赢的核心来自创业者对市场的深刻洞察，而洞察的结果就是对市场的细分定位。一个没有经过科学论证的细分定位很有可能会导致企业的灭亡。

就拿让人眼花缭乱的饮料市场举例，这个市场十分饱和，实际上已经非常难突出重围，可是元气森林通过"0糖0脂0卡"的细分定位快速闯出了自己的一条路。

"赢"字的中间是一个"口"字，它对企业来说就是"口碑"。只有口口相传，才能实现人人必知。最好的营销不是企业花多少钱，请多少明星，而是让用户口碑帮助品牌实现"病毒式传播"。

在河南有一家超市，它卖的东西并不便宜，却被称为超市领域的"海底捞"，很多知名企业家都曾到这家超市参观学习。这家超市的名字就是胖东来。我们几乎见不到它的任何广告，可它在很多领域都做到了极致，用户口碑就自发形成了广告效应。

首先，消费者到店消费，出现任何产品问题，超市管理者都会亲自道歉并且赔偿。如果遇到下雪天，超市工作人员会帮助消费者清扫电动车上面的积雪。

其次，这家超市的员工待遇在当地处于中上等水平。一般来说，超市工作人员的薪资水平相对较低，不过在胖东来超市，员工不仅可以拿到高于当地平均工资的收入，还可以享受五险一金的保障。企业还专门将每周二作为全体员工的休息日（可能是国内唯一一家每周关店一天的超市）。

最后，这家超市在慈善事业上非常大方。作为一家本土超市，在电商的冲击下，想要赚大钱并不容易，不过这家超市在2020年年初武汉的新冠肺炎疫情及郑州"720"特大暴雨期间，都捐出了5000万元。这家超市的体量在全国范围内的企业中根本排不上名次，但是它的捐款额度非常靠前。它用实际行动证明了什么叫作大爱！

凭借着种种令人称赞的行为，胖东来成为本土超市的标杆。口碑更是爆棚，根本不需要再做广告。

"赢"字下半部分的左边是一个"月"字，它意味着只有通过日积月累的沉淀，才有可能厚积薄发。创业的成与败，关键在于能否时时复盘，月月复盘。只有不断发现企业的不足之处才能持续进步，为社会贡献更好的产品或者服务。

"赢"字下半部分的中间是一个"贝"字，它代表着钱。创业者需要在做一家赚钱的公司还是做一家值钱的公司之间做出选择。不管如何选择，都要有一套让投资人非常喜欢的商业模式。

"赢"字下半部分的右边是一个"凡"字。其实，人本平凡，但思维绝不可平凡，只有敢想、敢干、敢为，才有可能走向巅峰辉煌！

当完全把"赢"字拆解之后，我们得到的信息依然十分有限，只有与商业模式设计知识融合在一起才能知道"赢"字有8个思考角度。

1. 定位赢，你才不缺市场

一家初创企业，可以什么都没有，但是不能没有定位。

没有定位的企业就像是沧海洪流中一艘没有方向的小舟，它只会随波浮沉，很难到达彼岸。

而企业也不是有了定位就万事大吉了，如果与太多企业类似，那么你的企业依然是没有任何特色的。

真正牛的市场定位并不是找到蓝海市场，而是在红海市场中找到蓝海市场。

2.市场赢，你才不缺客户

很多创业者都以为，只要拥有了客户，市场自然就有了。这是非常错误的想法。在商业世界里恰恰是因为企业在市场中赢了，然后才能吸引源源不断的客户。

也许客户的选择一开始是感性的，但是随着时间的推移，市场终究是理性说了算。只要我们能在市场中持续扩大份额，客户也就会与我们不期而遇。

3.客户赢，你才不缺口碑

如果产品或者服务不过硬，你只能收获一时的客户。只有想办法真正长久地赢得客户，让客户非常信赖你，在他们中间自然会形成一定的口碑效应。

真正的好产品或者好服务，都会成为口口相传的经典之作。

4.口碑赢，你才不缺团队

一家企业成败的核心在于公司团队的综合实力强弱。

可是当一家企业没有知名度时，很难吸引来更加优秀的人才。在企业有了一定的口碑之后，就可以让优秀人才自动送上门。

有了优秀人才的加入，你的团队想不优秀都很难。

5.团队赢，你才不缺合伙人

一个团队中真正的核心，能与企业长相守的人，一定是企业的合伙人。他们不会因为团队中的一点小矛盾就"撂挑子"。

在寻找到合适的企业合伙人之前，一定要有一支战斗力极强的团队。当我们的团队时刻都给人一种"一切皆有可能"的气魄时，意味着所有的团队成员都可以成为企业合伙人。

6. 合伙赢，你才不缺股东

人们之所以愿意跟创始人合伙，最主要的原因是看好企业的未来。

随着合伙人的陆续加入，创业者需要给合伙人一个身份证明，那就是股份。

在各位合伙人拿到股份之后，也就正式成为企业的股东。如果企业没有成功，那么大家手里的股份就一文不值。只有齐心协力把企业做得值钱又赚钱，各位股东手中的股份才会价值连城。

7. 股东赢，你才不缺资本

其实股东的纷纷加入不仅是一个个体进入企业，其背后的资本也会跟着进来。

当下社会，一家没有融资的企业是很难有大好未来的。

8. 资本赢，你才不缺想象

一家企业真正吸引人的地方就在于想象空间。

对于那些没有想象空间的领域，大资本很少涉足，因为投资与回报很难成正比。

资本的魅力就是给创业者加杠杆，让创业者实现梦想的同时，资本也能获得难以想象的巨大回报。

8个思维层级，环环相扣，只要有一个错了，就很难取得想要的结果。解决问题的核心思想就是"利他"。

● 分钱思维——打造企业生态，"肥水"也要流入外人田

绝大多数创业者都听过一句话：财聚人散，财散人聚。

这句话的意思非常明确，不需要做过多解释。它的核心意思只有一个，那就是一定要学会分钱。

道理大家都懂，可是到了该分钱的时候，有一些创业者总会有各种各样的理由拒绝分钱。

我遇到过这样一位创业者，他是做收藏品投资的，这个行业鱼龙混杂，产品毛利很高，超过90%是很正常的。在他的公司中，销售人员的平均销售额达到3万元/月，做得比较好的销售人员一个月可以做到10万元的销售额。

临近年底，这个创业者就对全体员工表示：谁能单月创造50万元的销售额，公司就奖励他20万元。

结果，真的有销售人员做到了单月50万元的业绩。这时

这个创业者反而有点不开心了，因为20万元实在太多了，最后，他只奖励了员工5万元。

公司本来就不大，这种"老板说话不算话"的负面消息很快就传到了大多数员工的耳朵里。年后，公司销售人员直接走了一半。又过了半年，公司因为业绩不理想关门了。

这是非常典型的因为小钱丢了大钱的行为，也是很多创业者容易犯的一种错误。

任何时候，公司的奖励措施必须是言出必行的，这代表了一个创业者的格局。格局越大，愿意跟随的人就会越多，公司就会越做越大。反之，公司员工则会对老板失望，留下的也都是混日子的员工，能不倒闭就已经谢天谢地了。

除此之外，还有一种现象比较常见：创业者想要把所有赚钱的业务都拦下来自己做。这种行为既累又危险。

笔者曾遇到过一位创业者，他的失败非常可惜。因为他有比较先进的研发团队，技术也比较领先，缺少的就是一套比较高效的商业模式。

经过一段时间的沟通，笔者的团队给出了一套在不需要找投资机构融资的情况下就能跑通的商业模式，他也感觉可行。筹划了两个月，落地了第一家实体店。

开业之后，实体店的生意果然比同行好5倍以上，坪效（每平方米营业面积所产生的营业额）在全行业内属于顶尖水平。

按照计划，这家实体店是这家企业的旗舰店，在旗舰店的基础上，还会招募数位区域代理，在区域代理的基础上再招募上百个店面代理，从而让他的产品迅速占领一座城市。

可是在商业模式推行的过程中，这位创业者取消了区域代理的模式，自己投资开了30家直营店。

笔者对创业者的这种行为感到不能理解。他却告诉我，这样做他的公司才可以赚到最多的钱，更容易做大做强。

笔者虽然多次劝他不要这样做，无奈企业并不是我的。9个月后，这家企业终因管理不当，很多实体店亏损严重，无奈放弃继续开店。

需要提醒大家的是，想要把所有的钱都赚到自己手里的创业者有很多，他们感觉赚某些钱太容易了，没有必要让"肥水"流到外人田。

其实，这种想法非常危险，因为创业者会"捡了芝麻，丢了西瓜"。试问一下，耐克公司难道没有实力开一家服装加工厂吗？为什么它要把代工的事情交给其他企业来做呢？

因为这件事对于耐克公司来说，投资不小，回报却一般。与其冒着风险建厂，不如将订单交给有实力代工的工厂。公司只是牺牲了一点利润，却可以换来风险的大幅下降，这是非常划算的买卖。

与耐克公司相反的是，某些企业在创造出爆款之后，就想开直营店，建工厂。但这股热潮一过，工厂和直营店很可能会把企业拖垮。

分钱不仅仅是一种格局，更是一种有效降低风险的行为。

分钱的对象则有3种，分别为员工、合伙人、用户。

1. 给员工分钱

员工是一家企业的基础，没有员工，再伟大的梦想也不能实现。尤其是能力比较出众的员工，必然要给更高的薪资待遇。

在任正非看来，不是人才的人也能变成人才。

这句话到底对不对我们不得而知，我们可以知道的是，任正非具有非常明显的分钱思维，他要让员工的收获对得起自己的付出。华为的高工资尽人皆知，比较具有代表性的是华为一年一度招聘的"天才少年"，这些人大多是博士刚毕业，华为就可以为他们提供最高达200万元的年薪。

当然，也会有人对华为的这种大方行为表示怀疑，因为这些学生刚毕业，还没有接触过社会，能不能创造出200万元以上的价值呢？

华为好像并不在乎这些质疑，而是一直坚持以高薪从全球吸引顶尖人才的加盟。也正是因为储备了大量的人才，才造就了华为在多个技术领域的领先地位。

企业有没有给员工多分钱，员工内心是非常清楚的。如果员工渴望的薪资是1万元，企业只愿意给8000元，还经常因为小问题扣工资，你感觉员工对企业会有什么看法呢？

相反，假设一个员工的期望薪资是1万元，企业直接给他1.5万元，而且年终还有6个月以上的年终奖，员工又会对这样的企业有什么看法呢？

经我观察，只要企业给予的待遇高出员工的期望收入50%以上，绝大多数的员工都特别珍惜当下的工作，而且配合度非常高。

多给员工分钱，除了可以让员工充满工作积极性，还可以减少企业的离职率。

假设你支付给员工高于其期望值150%的工资，员工可能就再也找不到这么高工资的工作，这就会让他们不敢、不愿随意离职。而猎头想要挖走你的人才，可能要支付高于其期望值200%的工资，这是很多企业承受不了的价格。

2. 给合伙人分钱

合伙人包括投资人、代理商、企业上下游的供应链环节等。

企业在成长路上需要投资人的投资，也需要代理商的支持，更需要企业上下游供应链的完美配合。只要一个地方照顾不到，都可能会产生较大的不利后果。

举个例子，假设耐克公司知道了代工厂的成本之后，不断要求代工厂降价，最好降到成本价左右，代工厂还会老老实实地帮助它生产吗？在这种要求下，如果代工厂想要赚钱，可能就没办法保证所用原材料以及产品的品质，最终影响的是耐克公司的品牌；如果代工厂没有偷工减料，那么它就很难赚钱，最后可能干脆就不做耐克公司的代工了。

假设耐克公司最大的代工厂因为没有利润突然不做耐克代工了，那么耐克公司会发生什么事情呢？

首先，产品供应无法保证，销量会大幅下降，市值也很有可能大幅下跌。

然后，耐克公司只能提高价格让其他工厂帮忙代工，从而导致它在代工上不但没有减少支出，反而增加了很多成本。

让每个环节的合伙人都能在合理的收益内多一些超出预期的收益，他们才永远不会背叛你。

3. 给用户分钱

不要以为赚了用户的钱就可以直接花掉了，一定要给用户留出一部分，用合适的方式再返还给用户。

不管是五星级酒店还是航空公司，都有相应的积分活动，用户的积分越多，可以兑换的礼品也就越高级。这是很多高端品牌培养用户忠诚度的方法，也是变相给用户分钱。

举个例子，同样的酒店服务、同样的环境、同样的价格，一家有积分兑换服务，另一家没有此类服务，你会选择哪一家？

给用户分钱的方法有很多，一定要选择最合适的方法，否则可能会适得其反。

从现在开始，你准备好跟企业的所有相关人员分钱了吗？

钱是具有魔力的，你越是愿意给别人分钱，他们就越希望你成功。希望你成功的人越多，你成功的概率就会越大。

● 融资思维——站在投资者的角度看问题

如果你只想做点小生意，达到一种"小富即安"的状态，那么你这辈子可能都不需要融资；如果你想要真正做出一番让人敬佩的事业，那么你很难绕过融资这个关键环节。

在新闻报道中，我们经常看到"某企业刚刚融资数千万元，某企业又融资了几亿元"的新闻，可是当你去融资的时候，为什么想要融几百万元都那么难呢？

因为在投资领域，有一个潜规则：重点高等学府毕业的创业者相对更容易融到资，学历不那么高的创业者融资难度会大一点。尤其是在天使投资人徐小平的投资案例中，清华大学、北京大学毕业的创业者会有优先级。这是为什么呢？是不是徐小平对其他学历的创业者存在歧视呢？

我个人认为这个跟歧视没有关系，他们只是根据自己的投资数据得出了重点高等学府毕业的创业者成功率更高的结论而已。

因为在天使投资阶段，投资人表面上是在投项目，实际上是在投人。一个项目再好，这个领头人错了，照样成功不了。

那么，是不是说很多非重点高等学府毕业的创业者融资成功的希望就很小？

不要灰心，只要你拥有5个必杀技，外加15个投资人常问问题的答案，那么你就可以拥有一套顶级的融资思维，从而让你站在投资者的角度思考问题，利于你拿到融资。

1.5 个融资必杀技

经过我多年的学习和研究，发现想要融资成功并不是特别难，但是前提你要有5个必杀技，它们分别是创始人的品牌故事、优秀的商业模式、独一无二的商业计划书、便捷的商业路演模板和优秀的创始人团队。

（1）创始人的品牌故事

创始人的品牌故事相当于创业者的第二学历。假设你的第一学历比较普通，一定要刻意提炼你的个人品牌故事。一个好的创始人故事的重量甚至超过了清华大学毕业的学历；假设你的第一学历本身就是国内甚至世界顶级水平的，再有个好的品牌故事，投资人可能会忽略后面的所有问题，直接为你投资。

可能很多人会说自己的成长经历也没有什么特殊的。如果你以这样的态度去融资，相当于你的第一学历和第二学历都没有加分项，那么融资成功的可能性会大幅下降。

反过来讲，假设你只是一个普通大学毕业的创业者，但是你的项目很好，网上到处都是关于你的品牌故事的报道，这样是不是会更容易得到投资人的认可呢？甚至有可能投资人在无意间看到你的文章，直接主动找你来投资了，根本就不需要你去找他。

（2）优秀的商业模式

在拥有了良好的个人品牌故事之后，你还要有一套与众不同的商业模式。一套好的商业模式既能降低成本，又能提高效率，这是你打败竞争对手的绝招。

不过，再好的商业模式也需要创业者表达出来，否则投资人怎么知道你的商业模式到底是好还是不好呢？

（3）独一无二的商业计划书

最近这几年我收到了很多创业者的商业计划书（Business Plan，简称为BP），可是我很遗憾地发现，大多数商业计划书都是千篇一律的公司介绍、产品介绍等，根本没有任何吸引人的地方，这样的计划书真的很难让人感兴趣。

创业者表达的载体就是商业计划书，商业计划书的设计是一个技术活。因为一个知名投资机构每天收到的商业计划书有上百份，如何让投资人第一眼就对你的项目感兴趣呢？秘诀就是独一无二。

千万不要到网上下载商业计划书模板，按照模板做出来的商业计划书没有任何吸引力，很容易被投资人扔进垃圾堆。用独一无二的封面设计吸引投资人注意，再引入令人印象深刻的故事，让投资人越看越想看，最终一口气看完。

（4）便捷的商业路演模板

制作好了商业计划书并不是万事大吉了，还需要拥有一套清晰的商业路演模板。因为有的投资人非常忙，并没有太多时间听你讲解，你必须制作出一套简易的路演模板。只要我们按照这个模板来做，就会实现更高效地表达及展示。

（5）优秀的创始人团队

计划再完美也只是计划，想要让计划落地还需要一个优秀的创始团队。只有每个人都能独当一面，创始人才能更加聚焦地思考战略问题。

总体来说，这5个必杀技是一个系统，也是便捷的融资工具，5个必杀技一起应用，会大大提高融资成功率。

2. 15个融资常见问题

作为一名融资人，你必须时刻准备好融资路演，即使只有几分钟甚至几秒钟的时间，也要努力争取让对方感兴趣，这样才会有深入探讨的可能。

假设你现在突然遇到了投资人，不过只有3分钟的时间，你可能会遇到什么问题？

（1）你能否用一句话立马让投资人对你这个人感兴趣？

这个难度还是挺高的，因为投资人之前并不认识你。你一定要根据自己的性格特征，设计一句令人感兴趣的话语。这句话可以是玩笑，可以是疑问，也可以是很真诚地表达。

举个例子，你在见到投资人的时候可以说一句："你好，先生，你的钱掉了！"这个时候投资人可能会下意识地去看一下，接着你就开玩笑地说："你掉的钱在我手里，希望你能拿走。"

这个时候投资人大概就懂你的意思了，如果他停下脚步，你就拥有了继续聊下去的机会。

话术可以是多样的，不过一旦形成自己的风格就要不断练习，争取让话术效果达到最佳。

（2）你能否用一句话讲清楚你正在做的项目？

很多创业者讲了半天都是在聊专业话题，投资人可能会听得云里雾里。最简单的方法就是对标外国已经成功的企业，比如，QQ对标ICQ（1996年一家以色列公司推出的一款即时通信软件），美团对标Groupon（美国最大团购网站），京东对标亚马逊等。

（3）你能否用一句话阐述为什么你可以做成？

只要证明你的产品成本更低、效率更高、用户体验更好，你就拥有了巨大的优势，成功的可能性就会高很多。如果商业模式能融入对人性的考虑，投资人会更开心。

（4）你是否有更加易于项目传播的资料？

最好是新媒体文章，这样便于打开和分享，而PPT（演示文稿）通常需要下载，过程稍微复杂了一点。

（5）你是否能够用话术让投资人留下联系方式？

很多时候，如果你因为紧张没有表达好，投资人就不会给你留下联系方式，这样也就没有下文了，此时你要准备好投资人不会拒绝的话术。

怎样判断这个话术是否管用呢？你可以找一些陌生人练习一下，如果陌生人愿意给你联系方式，那么投资人也有较大可能留给你联系方式。

当然，如果你的人脉足够广，是可以直接拿到投资人联系方式的，只需要将话术精练好，就有可能获得详聊的机会。

（6）你能否用生动的语言来表达你的创业故事？

创业者在表达创业故事的时候要注意节奏、语气、语调、动作、表情等。很多创业者讲述时都像在背书，让人听了想睡觉。

（7）你能否在3分钟之内让投资人知道你要做什么？

投资人的时间很宝贵，你必须在3分钟之内让投资人知道你要做什么，这样他才能听下去，否则很难成功。

至少要让投资人知道你的产品叫什么名字，解决了什么问题？

（8）你能否清晰地向投资人表达你的商业模式？

无模式，不创业。良好的商业模式是创业成功的关键。一套好的商业模式是对人性的完美掌控，你能在模式中利用越多人性的弱点，模式就会越具有吸引力。

（9）你能否用严谨的逻辑说出市场空间有多大？

市场空间数据要有严谨的市场数据以及推理逻辑，投资人喜欢市场空间足够大的项目。

（10）你能否用有效的数据表达目前的行业现状？

数据是否准确证明了你对行业的了解是否深入。知己知彼，百战不殆。

（11）你能否证明你发现的行业痛点是真痛点而不是伪痛点？

痛点不是随口说的，要有充分的证据证明消费者需要这个产品。

（12）你能否用简洁的语言阐述你的团队的优势？

创始团队很重要，只有成员能力互补才更容易成功。成功的案例更有利于给团队加分。

（13）你的商业计划书能否让投资人一目了然？

很多人喜欢在商业计划书上写一些很难懂的公式或数据，

这是无效的。商业计划书的目的是让投资人看懂而不是去猜。

（14）你能否用简短的语言让投资人知道目前项目的进展程度？

你不能只是简单描述项目进展，而应该让投资人看到团队的高效。比如，团队组成3个月，App1.0版已经研发成功，每天新增用户都是前一日的两倍以上。

（15）你能否说服投资人认可你的项目具有这个预估的价值？

估值虽然相对比较主观，但也要有足够客观的证据证明你的估值是合理的。

只要在融资之前能够拥有这5个必杀技和15个问题的答案，那么我们必将大幅提高融资的成功率！

第 4 章

设计适合自己的商业模式，重构行业新规则

CHAPTER 4

● 商业模式设计的意义

笔者做咨询的这几年里发现很多创业者并不了解商业模式，他们喜欢把商业模式当成一种营销方式。

很明显，这种理解是错误的。营销方式只是商业模式中很小的一个部分，商业模式是一套完整的商业运转体系，它的出现并不是为了在夹缝中求生存，而是为了颠覆与重构某个行业。

正如前文所言，所有的行业都可以重新再做一次，商业模式将帮助你重新定义一个行业。

可是这些行业为什么需要一套全新的商业模式来定义自己呢？原因是绝大多数行业正处于恶性循环之中，盈利的空间越来越小。如果不及时采取措施，很多行业都会陷入"食之无味，弃之可惜"的尴尬境地。

与其被动淘汰，不如主动出击，重新制定行业的新规则。

让我们把时针拨回到2005年，假设你是周鸿祎，很懂杀毒软件的开发，你知道开发一套杀毒软件的成本是数百万元，而且此时同行都在靠卖软件赚钱，你会怎么做呢？

大多数人会按照既定规则来做吧？毕竟开发软件已经花费了不少钱，企业有必要通过某种方法收回成本。

但是，只要你眼睛只盯着短期利益，很容易就会被行业原有规则牵着鼻子走，从而陷入混乱的价格战之中。

假设竞争对手的会员费是199元/年，作为一家新公司，你可以先将价格降到149元/年。一旦降价策略奏效，而且被竞争对手注意到，他们就可能将价格降到99元/年。紧接着，你再降价到69元/年。直到最后，所有人都没有了利润，谁先扛不住谁就退出市场。

这是我们最常见的商业竞争模式，也是最容易亏钱的一种模式。

周鸿祎是怎么做的呢？他直接祭出了大杀招——互联网模式，将免费进行到底。

这个模式的出现，让竞争对手和用户都十分震惊。这怎么可能呢？因为竞争对手实在想不出软件永久免费之后收入从哪里来？成本怎么收回？而且一旦有一家采用免费模式就会涉及其他同类产品的用户退费的问题，这是竞争对手无法承担的损失。

就在竞争对手还处于困惑状态的时候，有些用户已经开始下载使用360安全卫士。令用户感到不可思议的是，免费的杀毒软件使用体验还挺好，甚至超越了付费软件。于是，就形成了口口相传的效应，360杀毒软件下载量飙升。

请注意，周鸿祎在互联网模式的基础上选用了"免费""体验""疯传"等元素。

你以为这就完了？周鸿祎还是一个造势的高手。2006年8月至10月，360安全卫士举办了一个反流氓软件的活动，让用户对困扰自己的流氓软件进行公开投票。在这些选项中，出现了很多竞争对手的名字，这就是一个非常具有冲突性的营销事件。

由于参与用户众多，《新闻联播》《午间30分》《东方时报》等多家国内知名媒体都对此事进行了报道，最终中华人民共和国工业和信息化部、中国互联网协会纷纷介入调查。

360安全卫士通过此事既出了名，又得了利，堪称经典营销案例。

在这次投票中，周鸿祎选用了"造势""冲突""媒体"等元素，让360安全卫士大获全胜。

2007年10月，成立仅两年的奇虎360就成功让360安全卫士的用户量超过了同行所有竞争对手。

2008年3月，拥有了巨量用户的奇虎360开始向安全平台方向发展。同年5月份，5·12汶川地震发生，奇虎360在内部和网络上发起了"汶川告急，奇虎360网友在行动"众筹活动，进一步获得了用户的好感，用户发自内心地认为这是一家具有强烈社会责任感的公司。

在这个阶段，周鸿祎选用了"平台""众筹""人心"等元素。

如今，奇虎360已经稳坐国内最大的互联网安全公司的位置，甚至承担起国家重要部门的数据安全工作。

通过奇虎360的发展历程，我们可以知道，也许现在你的公司没钱、没资源、没地位，但只要采用合适的商业模式、选用合适的元素，就可以"以少胜多"，成为这个行业的绝对霸主，成功掌握行业的主动权。

那么，奇虎360在这个过程中所使用的策略，就是可以通用的最佳商业模式吗？并不见得，也许你可以在此基础上创造出比这种模式更先进的商业模式，用更短的时间拿到更好的结果。

商业模式从来都没有唯一的答案，适合自己的才是最好的。

商业模式最大的意义也不是设计，而是落地，并去颠覆和重构一个新的行业。

你准备好颠覆和重构行业了吗？

● 选行业，找定位

如果你已经准备好颠覆和重构一个行业，那么现在就可以开始设计商业模式了。

首先，选择一个好的行业；其次，给行业找一个细分定位。

什么是好的行业？

不同的人会有不同的观点，你可以认为竞争者较少的行业是好行业，也可以认为人人都能赚钱的行业是好行业。

不过，从商业模式设计的角度来看，一个好的行业一定具有3个特点：

1. 市场空间足够大

具体多大的市场空间为大呢？市场规模最好在千亿级以上，如果能超过万亿级会更好。

为什么一定要这样呢？因为这是当前主流投资机构的一个重要参考方向。

企业在发展的过程中，很有可能需要融资。如果市场空间较小，投资机构的潜在收益就会很有限，而损失却有可能是无限的。

假设你选择了一个相对小众的行业，市场空间是100亿元，公司最高的市值可能也就在100亿元左右，甚至在20亿元左右。投资机构就算给你投资2亿元左右，如果赚的话也就能赚2亿元，因为市场规模有限；如果最终没能做成，在这样鲜有人关注的小市场里也难有下文，2亿元就打水漂了。

相反，假设你选择了一个万亿级市场，公司的市值就有可能超过10000亿元，只要你做得好，会有很多投资机构愿意投资10亿元以上。如果公司做成，如此大的市场，收益就可能达到上百亿元；如果做得不如预期，依然会有不少在大一些的市场寻找机会的投资机构来接盘。

现在假设你是投资机构，你会投资哪一种行业的公司呢？

雷军的创业历程就很有代表性。2010年，雷军选择了手机行业，这是一个万亿级市场的行业。2021年，雷军又宣布进军新能源汽车领域，这同样是一个万亿级市场的行业。

与此同时，雷军还是一个投资人，他知道投资人最看重什么，因此他自己也会按照投资人的眼光来选行业。

2. 刚需

刚需的好处就是不管这个市场怎么变化，相关产品永远都会有价值。

最近几十年，房子一直是大家关注的焦点，房价的快速上涨让无数人望而却步。但是，人们赚到钱之后，还是会立刻入手一套属于自己的房子，为什么？

因为房子不仅仅是身体的庇护所，它还是一个人安全感的来源。这种刚需属性几乎没有产品可以与之媲美。

除了房子，还有很多行业具有刚需属性，比如汽车、餐饮、天然气、自来水等行业。

可能有些行业在短期内比较流行，甚至会成为风口，但它们是伪需求，时间久了自然就消失了。这种行业不是不能做，只能说是一个赚快钱的行业，想要长久赚钱是很难的。

只要选的行业在刚需范畴内，而且商业模式优秀，我们是有可能永远赚钱的。

3. 可复制

在你只开了一家店铺的时候，你的店铺就是众多店铺中的一家而已；在开了10家店铺之后，就成了连锁店；开了100家店铺后，就可能成为地区的龙头；开了1000家店铺的时候，你就可能成为这个行业的龙头。

量变真的可以引起质变，尤其是在开店的过程中。因此，能不能快速将你的店铺开遍全国就是投资人决定投资与否的重要参考因素之一。

餐饮是很多创业者想要涉足的一个领域，因为门槛较低，市场空间巨大。可是真正能将餐饮做到上市的企业很少，尤其是中餐厅，失败的可能性很大。最根本的原因就是不可复制性。中餐厅对于厨师的依赖较大，同样的原材料，不同厨师做出来的味道就可能大不一样。再加上中餐厅的菜品种类众多，大多是热菜，比较讲究火候，很难标准化，因此无法快速复制。

　　火锅店就完全不一样了，火锅店的秘诀在底料上，而火锅底料就那几种，完全可以做到标准化，这也是海底捞曾经成为中国餐饮第一股的原因。

　　我们在选择行业前一定要深思熟虑，到底能不能做到标准化、可复制化？如果实在做不到，为什么不考虑换个行业呢？

　　在选好行业之后，我们就要给行业再找一个细分定位。

　　当我们看到一个行业市场空间广阔时，一定有成千上万人也已经看到。如果大家做出的产品类似，最后只能拼谁的价格更低，这样很难赚到钱。

　　但是，只要我们能够找到产品的细分定位，是很有希望打造出自己的一片天地的。

　　那么，如何找准产品的细分定位呢？

　　（1）人无我有。突出产品的唯一性，最好成为某个细分品类的代表性产品。比如，王老吉预防上火。

　　（2）人有我优。同样是吹风机，戴森吹风机可以卖数千元，而大多数其他品牌的吹风机只卖百元左右，因为同等条件下，戴森做得更好。

　　（3）率先强调。有些行业很难做到技术领先，也很难创造出新的品类，那么率先强调某种工艺也是一种定位方法。就算全行业用的工艺都是一样的，只要你率先提出，并且让消费者记住，就是一种成功。

● 想未来，画蓝图

在我们选好行业，做好定位之后，就可以直接设计商业模式了吗？

还不行，因为我们脑海中并没有想过这家公司未来到底是什么样。这意味着我们的目标是模糊的，当然也就很难真正达成目标。

我们必须抽出一定的时间想一下公司的未来，在这个过程中不要被任何事物打扰。

如果你最近超级忙，那你就先把重要的事情安排妥当。在内心完全无压力的情况下，让自己的思绪在合理的范围内自由飞翔，设想公司的未来图景。

具体怎么想呢？

1. 让行业的市场空间具象化

我们在选行业的时候采用的是估算法，只是大约知道某个行业的市场空间是千亿级还是万亿级，很难具体知道这个行业到底有多大，这不利于我们想未来。毕竟1万亿元属于万亿级市场，9万亿元也属于万亿级市场，两者之间的差别还是挺大的。

那么具体数据从哪里获取呢？一个途径是专业的行业分析报告，另一个途径是自己建立一个估算体系，可以用将各个细分领域的市场规模值加在一起的方法，也可以用总销量乘以平均价格的方法。

举个例子，假设中国汽车整车的总销量是2600万辆，而汽车的平均成交价格是15万元，那么中国汽车整车市场的总规模就是39000亿元。

39000亿元的市场蛋糕，我们不可能全部吃掉，只须切中其中一块就足够。

2. 细分领域的市场空间有多大？

产品的定位决定了潜在的市场到底有多大。

我们依然以汽车市场为例，任何一款车都不可能让所有人喜欢，因此，我们必须目标精准地切入某一个细分领域。

你可以做售价50万元以上的运动型多用途汽车（SUV），也可以做20万元的跑车，这些车型的目标消费群体肯定是不完全重合的。

只有选定细分市场之后，你才更容易计算它的市场空间。假设50万—100万元的SUV的每年销量是30万辆，平均成交价格在70万元左右，那么这个细分市场的潜在空间就是2100亿元。

3. 细分领域的复合增长率是多少?

某个行业的复合增长率显示了它潜在的成长性。假设燃油车未来5年的复合增长率是5%，新能源车未来5年的复合增长率是30%。你会选择做什么车呢？毫无疑问，谁都想要在市场大的行业中选择成长性良好的赛道，这也是投资机构最乐意看到的。

4. 细分领域中头部公司的市场占比

有些行业龙头占据市场的份额巨大，想要超越很不容易。有些行业市场比较分散，想要做到市场中的老大并不是很难。

因此，我们就可以想象公司在未来3年做到市场第一之后会有多大的规模。

有了具体数据的支撑，我们已经可以想象未来，可是怎样才能让未来照进现实呢？创业者这时就需要融入一点商业模式的内容来勾画蓝图了。有了说服所有人的成功路径，就成功了一半。

说得直白一点，蓝图就是商业模式的草图。在这份草图定稿前你需要讲给自己听，看看是否能让自己兴奋？如果自己都兴奋不起来，那么直接把这份草图扔进垃圾桶吧。

只有自己兴奋到睡不着觉，想要立刻开始行动，这样才可以讲给员工听，讲给投资人听。

他们在听你讲述自己的蓝图时，很有可能会抛出各种问题，这些问题可能很有代表性，记下来并且尝试自己解决它。

当你发现在给其他人画蓝图时，有很多人跟着兴奋了，那就说明设计商业模式的时候真正到了。

● 搭元素，找对标

当商业模式还处于雏形阶段的时候，你已经可以对其进行路演了，而且能让员工和投资人兴奋，那就说明这套模式大概率是可行的。接下来需要做的就是将商业模式落实成一套书面上的商业解决方案。

商业模式设计最核心的地方就是搭元素，108个元素中可能只有1/3是必要的，但具体用哪些元素？这是一个问题！

你之所以会感觉迷茫，是因为你内心没有一个商业模式框架。

如果你能掌握以下这些规律，相信可以比较快速地找到你需要的商业模式设计元素。

（1）当产品的边际成本接近零的时候，我们可以套用互联网模式，直接免费，通过增值服务或者平台模式实现盈利。

（2）当产品的边际成本无法降低时，可考虑引入边际成本可以降低的相关行业产品，通过"曲线救国"的方式，让产品大卖。

（3）当产品的边际成本无法降低，但是可用于公共事业的时候，可考虑采取共享模式。

（4）当产品属于易耗品时，可采用"饵+钩"模式，以赠送硬件产品的形式实现易耗品的搭配销售。

（5）当你拥有很强的产业链整合能力且产品是刚需产品时，可以采用性价比模式，将"质优价廉"进行到底。

（6）当企业的研发技术达到行业顶尖水平时，可尝试走轻资产路线，公司只专注研发，生产的事情交给专业代工厂来做。

（7）当产品的成本比较透明的时候，不妨采用会员模式，将产品价格降至成本价附近。

（8）当创始人融资能力较强，且非常有魄力打造大型平台的时候，可以采用补贴模式，用补贴换用户。

以上这些只是比较常见的几种情况，当然也会有更多复杂的情况出现。不管哪一种情况出现，你最应该做的一件事就是找对标。

举个例子，假设我们现在开发出了一套可以帮助中小商家智能管理客户的系统。这套系统不仅可以辅助店家发放优惠券增加客户复购率，还能设计出让客户裂变的活动方案。总之，这套系统的最终目的就是帮助中小商家赚更多的钱。不过这套系统的开发成本是500万元，而且公司已经投入成本开发完毕，这个时候你会怎么办？

你会不会招聘一大堆业务员帮你销售呢？一套系统售价10万元，只需要卖出50套就能回本。

如果你真的这样做，我相信你很有可能回本，而且还会有不错的收益，每年赚几百万元都是有可能的。

可是在你阅读了本书之后会发现，本来有一个赚到100亿元的机会，自己却选择了赚100万元，简直就是资源的巨大浪费。

具体该怎么做呢？一定是免费。

不管我们开发系统花费了多少钱，你会发现给一个客户安装系统的成本与给10个客户安装系统的成本是接近的，既然如此，为什么不直接免费给中小商家使用呢？

我国仅个体工商户的注册数就超过了5000万家，再加上中小微企业的数量，中小商家可能接近1亿家。如果我们可以把这套系统免费安装在1亿台电脑里，能不能赚到钱呢？

虽然系统免费使用，但是完全可以在系统里开发一些增值服务，比如，员工如何管理？老板如何快速开店？

一个简单的网络课程收费99元不过分吧？1亿个商家每年的营收是不是轻松超过100亿元呢？

如果这套系统真的这么好，而且还可以免费安装，会不会有投资机构帮你实现梦想呢？

一定会有的。有资本的介入，亏钱占领市场后就有形成垄断的可能，市场空间是巨大的。

如果你决定给客户免费安装，那么360安全卫士就是你最好的对标对象，奇虎360在成长过程中选用的商业模式元素大部分也适合你的系统营销。

唯一需要注意的就是，要在对标对象的基础上引入更加具有时代特征的元素，比如，视频、网红、众筹等。

找准对标对象就是我们搭对元素的关键。

● 找参考，深研究

商业模式之所以难以设计，最主要的原因在于它是一套时间跨度较长的商业解决方案，不仅可以让一家企业崭露头角，还可以让它走向上市。

在设计的过程中如果遇到了问题，最应该做的就是找到参考对象并且对其进行深度研究。只有对参考对象的模式熟记于心，才能在此基础上做出适合自己产品的商业模式。

如果你想通过免费的方式把自己做成一个互联网平台，可参考阿里巴巴；如果你想将好的产品卖出尽可能多的数量，可参考小米；如果你想走技术驱动的路线，可以参考华为；如果你想让用户对你的产品"上瘾"，可以参考抖音；如果你想开实体店，可以参考蜜雪冰城；如果你想通过会员赚钱，可以学习开市客。

这些企业并不代表我们能够看到的所有商业模式，但它们都是比较具有代表性的。

在找到参考对象之后该怎么做深度研究呢？

很多人惯用的方式就是到网上寻找一些文章读一下就算是研究了。这种研究其实远远不够，因为网上的很多内容不够全面，也不够系统，并不能支撑我们学会一套完整的商业模式。

举个例子，大家都知道小米是凭借性价比模式快速走红的，但如果我们只是研究了几篇雷军是如何打造性价比模式的文章，就够了吗？

很明显这是远远不够的，性价比模式只是小米崛起的最主要推动因素之一，在这背后是一个庞大的系统工程。

小米手机卖爆的背后是因为雷军聚集了一群手机领域的大咖，有的人懂技术，有的人懂营销，合在一起才是最真实的小米手机。

雷军曾经在采访中透露，在小米成立之初，自己80%的时间都花在了找人上面。为了找到足够多的人才，雷军专门列了一个表格，一个接一个打电话。如果对方感兴趣，雷军就会约对方一起喝咖啡继续深聊。

团队组建成功只是小米走向成功的第一步，之后还有论坛的运营、技术的更新以及营销的深入人心，最终才打造出了小米品牌。

因此，想要彻底研究透一套商业模式，必须进行系统性的研究学习。

想要深度研究一套商业模式，至少要有3个步骤：

1. 收集所有关于某家公司或者创始人的权威资料

包括创始人传记、企业经典"战役"、创始人采访视频、第三方研究报告等。

2. 全方位对比企业在关键时刻的动作

一家企业在成长过程中一定会遇到各种各样的小问题，这是不可避免的。需要注意的是企业在关键时刻是怎么取胜的，这种取胜方法很有价值。我们要尽可能多地寻找相关资料，多方进行对比，才有可能找到"真相"。

3. 还原参考对象商业模式

如果能尽可能地还原参考对象的商业模式，你就能更加了解参考对象。

在还原商业模式的时候，一定要注意这些典型企业在应对各种问题时调用了108个元素中的哪些元素？只要能把参考对象商业模式中用到的元素按照顺序排好，你大概率就已经掌握了这套商业模式。如果你将这套模式讲给朋友或者投资人听时，他们能够为此兴奋，就说明你基本能够融会贯通了。

试想一下，假设你可以将参考对象的商业模式拆解得足够详细，想要再设计一套更好的是不是就会比较容易？因为这时你只需要根据企业自身特点加入一些不同的元素就行了。

假设你的参考对象是小米，却没有雷军的人脉和资金实力，那么就只能退而求其次，先在一个地方走红再说，这里就可能会用到视频、网红、加盟等元素。

没有什么商业模式是可以被完全复制的，我们应该做的就是"取其精华，去其糟粕"。

● 建模式，定方向

设计商业模式的核心并不在于最终的设计，而是前期的准备工作。只要准备工作做到位，建模式就水到渠成了。

假设你的参考对象就是小米，也已经知道雷军在小米发展过程中的每一步是怎么走的，选用了哪些元素来帮助商业模式成功运行，那么你在小米成功的基础上设计一套适合自己企业特色的商业模式是不是就会容易很多？

如果你是一个非常有创造力，又非常特立独行的创业者，不想在商业模式上跟其他企业类似，是否可以呢？

当然可以。如果你能设计出一套跟现有企业都不一样的商业模式，那你一定是对商业市场有着非常深入的研究的人。不过其风险就是试错成本比较高。

只要你能在现有的成熟商业模式的基础上进行适当改进，打造出产品或者行业的差异化，就足够了。更重要的是，这样会将你引导消费者的成本大大降低，也更加有利于你的企业进行融资。

举个例子，假设你独创了一套商业模式，但很难给投资人解释清楚自己正在做什么事情。相反，假设你打造了一家低价农产品电商平台，并且可以告诉投资人，你正在打造一家农产品领域的拼多多。投资人是不是瞬间就理解你的商业模式了？

在参考对标商业模式的基础之上，你一定可以设计出一套适合自己产品的商业模式。

只是，要如何确定你设计的商业模式是否有效呢？

评判标准就是商业模式的定义，一定要做到"你、我、他"全都愿意。

1. 自己是否愿意？

假设你想要采用互联网模式，产品免费，初期免费规模高达2000万元，你是否真心愿意？不管发生什么事情都能将免费进行到底？

很多人在贯彻免费政策的时候是犹豫的，总想在用户已经聚集起来后再通过产品赚一笔，这是非常错误的心态。如果你想要赚取未来的大钱，就必须放弃眼前的蝇头小利。

2. 员工是否愿意？

很多创业者在创业的过程中都忽略了员工的内心想法，总想着只要自己的想法正确，员工去执行就行了。可问题是，员工主动执行和被动执行之间的效率可能相差10倍以上。

举个例子，假设一家传统的零售店想要转型做线上商城，你给员工下达了想尽办法让顾客安装App的任务，却没有其他任何奖励，你认为员工会愿意帮助你推广线上商城吗？

在你看来，员工本来就应该帮助你落实让客户下载App的任务。员工则不这样认为，员工认为这是老板给自己额外增加的一份工作，做不做都不影响本来的工资，因此积极性肯定不高，甚至还会有抵触心理。

相反，假设员工成功让客户安装一个App就能赚到10元，在工作之余一天就让30个客户安装了App的话，一天就可以多赚300元，那员工的积极性肯定会不一样。

如果在此基础上，你还表示，谁能在一个月内让1000个客户安装App，还会有10000元的大奖，员工会不会下了班也帮助你推广App呢？

3. 消费者是否愿意？

我们依然以安装App为例，消费者为什么要耽误两分钟来安装App呢？答案就是有好处。要么安装App之后可以领到几十元的红包，要么在App上买东西更便宜，要么可以在特定的时间买到超级便宜的商品。总之，一定要对他有好处。

4. 加盟商是否愿意？

任何一个"割韭菜"的项目都不可能做长久，只有能帮助加盟商赚到钱的项目，加盟商才会愿意加入。如何打消加盟商的疑虑呢？可以想办法将产品做成爆品，让所有想要加盟的人都能主动来抢名额。如果做不成爆品，也要给加盟商一些法律范围内的承诺，最大程度打消他们对加盟的疑虑，让店铺数量快速扩张。

5. 投资人是否愿意？

如果你只有一套模式就去融资，难度是比较大的，除非你本身就是一个知名度较高的创业者。

如果暂时融不到资也不要气馁，重要的是你是否可以确保员工愿意、消费者愿意、加盟商愿意，只要这些人愿意，投资人也大概率会愿意。

在这些基础原则上设计出来的商业模式已经达到优秀水平。如果再按照前文中提到的商业模式设计的20个逻辑进行梳理，将你的商业模式定好方向，接下来只须落地执行就可以了。

第 **5** 章

零基础学做生意：
各行各业商业模式案例汇总

● 餐饮会员店的商业模式

民以食为天，国人创业经常涉足的一个领域就是餐饮行业。可是餐饮行业往往是最难的，有的餐厅菜品味道明明很不错，却少有食客前来。

有没有一种模式可以尽量提高创业的成功率呢？这是我一直在思考的问题。

2021年年底，一个广告行业的资深从业者找到笔者。他表示自己非常擅长做品牌，而他又特别喜欢美食，因此想要做一家餐饮上市公司，希望我能帮他的餐饮公司设计一个跟市面上的餐饮公司都不一样的商业模式。

经过深入的探讨，我们决定使用的商业模式是会员制餐厅，努力打造成餐厅领域的"开市客"。

1. 开一家保本的餐厅

试问，开一家赚钱的餐厅容易，还是开一家保本的餐厅容易？

答案很明显，保本容易赚钱难。只要一家餐厅放弃利润，菜价可以低到令人吃惊。

我们以炒青菜为例，一份在中等餐厅价格要10元左右的菜，实际上的原材料成本也就1元，如果加上人工成本可能也就2元。

假如你特别喜欢吃炒青菜，而在上班地点的不远处刚好开了两家餐厅，一家是普通的餐厅，通过卖菜看赚钱，一盘青菜售价为10元；另一家是会员制餐厅，卖菜只是为了保本，一盘青菜售价为2元。假设两家餐厅的味道和菜量是一样的，你会选择去哪一家？

大多数人会选择会员制餐厅吧？毕竟大家赚钱都不容易，没必要多花那些冤枉钱。

当然，餐饮行业的整体毛利没有炒青菜这一道菜那么高，不过一般来说，50%是有的。加上员工工资以及房租等，成本可能会占到70%左右。具体情况跟饭店的翻台率有关，翻台率越高，净利率就会越高。

假设某个商务区的员工餐平均价为30元/份，而会员制餐厅一份员工餐只需21元，每份可以省9元。如果一年之内到这家餐厅用餐200次，那就可以省1800元。

如果你是一名员工，现在你的公司附近开了一家味道不错，还可以帮你省钱的餐厅，你愿意去吗？

如果你愿意去，那么你的同事是不是也有很大可能愿意去呢？

低价美味的餐厅很容易通过口碑产生用户裂变效应。

2. 会员费收多少钱?

会员费的制定也是一个技术活，因为定得高了，会影响会员数量；定得低了，公司的盈利就无法保证。

我们必须根据餐厅的位置以及周围消费群体的消费能力来定。如果目标群体消费能力不高，定价就不宜超过200元/年；如果消费能力很高，即便定价999元/年依然会有很多人愿意成为会员。

整体来说，我们可以将365元/年作为标准，在这个基础上做相应的调整。其实365元的价格是比较易于宣传的，一天只花1元钱，就能让每顿饭省10元左右。

更加重要的是，餐厅不仅仅有午餐，还有早餐、下午茶、晚餐和夜宵，会员均可以享受不同程度的优惠。目的就是为了启动客户的算账思维，让他们明确知道成为会员后可以省掉多少钱。

会员制餐厅主要是在会员费上赚钱，菜品只为保本。餐厅选址只要能够选在人流量较大的办公区域，让方圆一千米以内辐射到的人群足够广，餐厅一年之内的会员数量就有望超过1万人，以365元的会员费计算，如能达到开市客的经营效果，那么餐厅一年的净利润有望达到365万元。

这个成绩可能并不算优秀，但是从商业模式上来讲，它的抗风险能力更强。它根本不怕没有会员来吃饭，因为这并不影响餐厅赚钱。

既然餐厅的主要收入是会员费，餐厅会不会变成一家营销气质很强的公司呢？

营销过度会让消费者反感。这就类似于你到一家理发店理发，刚坐在椅子上，理发师就给你推荐各种卡的办理，这肯定会让消费者有压力，导致其以后干脆不来了。

我们的会员制餐厅不会存在这样的问题，因为是否办理会员卡全凭自愿。就算你不是餐厅的会员也可以消费，只是无法享受会员的价格，结算价格是普通价格的9折，但依然比同行略低一点。

尽管非会员可能会感觉餐厅存在价格歧视，但是这个价格依然能让他们省钱，算是一种心理补偿。如果是经常来餐厅用餐的人，他会主动询问怎么才能成为会员。如果是路过的游客，虽然不会立即办理会员，但也享受了一定程度的优惠，这有可能让他们记住这家餐厅，要是他们公司的周围也开一家这样的餐厅，他们就有可能是第一批会员。

办理会员的程序是否复杂，也是我们必须考虑的一个因素。一般一个二维码就可以直接搞定，不管是用支付宝还是用微信扫码，都可以在1分钟之内完成会员办理。

3. 餐厅能赚钱吗?

我们知道，一般餐厅会提供早餐、午餐、下午茶、晚餐、夜宵，如果这些全都由餐厅员工来做会不会很累? 员工工资也要不少吧?

确实，如果这些工作都由餐厅雇用的员工来做，那么餐厅的人员管理成本不会低。

如果餐厅只做午餐和晚餐，其间的大量时间段就浪费了。所以，如果可以将时间分段来用，餐厅的利用效率就可以更高。

餐厅的时间分配可以是这样的：早餐时间为6:00—10:00，午餐时间为10:00—14:00，下午茶时间为14:00—17:00，晚餐时间为17:00—21:00，夜宵时间为21:00至次日凌晨2:00。

如此分配时间，餐厅可以做到时间利用最大化。与此同时，餐厅面临的问题就是需要对外招商早餐、下午茶及夜宵的供应商。

毫无疑问，餐厅是很容易招商的，因为这些供应商不需要承担租金，可以在几乎零风险的情况下创业。如果你会做早餐，又在为高昂的房租头疼，是不是可以考虑为这家餐厅做早餐呢? 不需要太多投资就能享受餐厅上百万元的装修空间。

既然招来的商家无须承担风险，那么需要他们满足餐厅的什么条件呢?

第一,价格一定要相对较低。假设在附近上班的员工的平均早餐费用是10元,餐厅的非会员享受9折优惠,餐厅的会员享受7折优惠,那么早餐的毛利在60%以上,因此,还是有一定利润空间的。

第二,一定要服务好每一位会员。不能因为他们已经享受了优惠,服务就打折。一个供应商如果被会员投诉超过一定次数,餐厅有权无条件更换供应商。

第三,餐厅收取10%的营业流水作为管理费用。

由此可见,餐厅在引进供应商之后,不仅丰富了会员的用餐选择,还多了一个收入来源。假设供应商的食品做得很好,每个月的总收入有望达到60万元以上,餐厅抽成可以达到6万元,每年收入可以增加72万元。

除此以外,餐厅还有第三层盈利,那就是会员秒杀福利。客户在注册成为会员之后,会自动关注餐厅的公众号,餐厅会不定期优选精品熟食或者水果进行秒杀,这就又额外多一份收入。

4. 餐厅能做成上市公司吗?

如果只有这样一家餐厅,根本就无法上市,这家餐厅只是一个样板。在这个商业模式得到市场验证之后,需要的是快速复制。

经过粗略估算，想要打造出这样一家餐厅需要的成本费用是300万元，营业面积在1200平方米左右，装修风格偏向于简约风，预计9个月可以回本。

这种投资回报率在餐饮领域已经算是非常高效的了，就算没有资本投资，用自身盈利来不断复制，正常情况下，5年之内也可以开到64家店铺。

如果有资本介入，这家餐饮店可以在5年之内快速扩张到300家左右，营收可以超过15亿元，净利润可以达到1亿元。

这种规模满足了上市公司的营收和净利润标准，在成长速度上也堪比海底捞，不过这种模式未来会遇到跟海底捞一样的问题——店铺数量饱和。

店铺数量饱和之后，公司可考虑往美食电商平台发展，形成一个新的利润增长点。不过这已经是后话，能先把餐厅数量做到一定规模就是一种成功。

这套模式非常简单，不过选址以及菜品的标准化比较考验经营者。在这套模式中，我们用到了保本、会员、算账、低价、招商、获利、满足、扩张等多个元素。

● 干洗行业的商业模式

设计商业模式，入口是一个非常重要的元素，这也是商业模式中出现概率最高的元素之一。

在找好入口之后，需要思考的是这个产品能否免费？如果成本较高，可以考虑用公司里的其他产品来做入口。

2021年年初，一位从事家政行业21年的创业者找到笔者，希望可以设计一套颠覆同行的商业模式。

如果一直停留在家政行业本身思考入口问题，就会非常棘手。因为家政公司的主要成本就是人工成本。每小时20—40元的成本是无法忽略的，在一定范围内也不存在边际成本递减效应。这也是很多家政同行被困住的原因，不知道该怎么设计商业模式来做大做强。

那么，有没有可能通过资源整合的形式，引入范围内的边际成本递减产品，通过它的免费模式来获得用户，再通过家政业务实现盈利呢？

提起干洗，人们首先想到的可能是贵，因为一件普通的衬衫干洗也要几十元，某些羽绒服干洗一次需要上百元。

殊不知，干洗行业是可以通过增加服务量来平摊成本的。比如，一家干洗工厂一天干洗100件衣服的成本可能是3000元，干洗1000件衣服的成本则是3100元。对于干洗行业来说，洗的越多，净利率就会越高。

如此看来，干洗行业是可以做成入口产品的，甚至可以做到免费，因为在一定范围内，它的成本并不会与干洗数量成正比。

而干洗行业跟家政行业具有很强的相关性。一般情况下，愿意将衣服送到干洗店的家庭，大多也有家政服务的需求。因此，干洗和家政合在一起会是一个非常强大的组合。

有了这个认知后，商业模式就很容易设计了。

1. 我们准备做什么?

每个人都有对美好生活的向往。服务行业如何满足人们对于美好生活的向往呢?

答案很简单：给人们提供超出预期的服务，给出令市场"尖叫"的价格。我们的目标就是成为家庭服务行业的"小米"，让那些"山寨"公司从市场上消失。

我们希望以干洗为入口做一个超级本地化平台，只需用户花一半的钱，就可以享受比同行更好的服务。

2. 用户能得到什么优惠?

其实，我们想做什么并不是很重要，因为市场想要看到的是我们能为市场带来什么不一样的东西。

为了表达诚意，我们准备通过1000个创客合伙人将30亿元的补贴下发给本地的100万个家庭，每个家庭都可以领到3000元的补贴。

这3000元的补贴主要分为两个部分，第一部分为200元的账户现金，第二部分为2800元的平台现金。

其中，账户现金可以直接使用，没有任何门槛。适用范围主要是干洗领域，因为平台背后有一家处理量极大的干洗工厂作为支持。后续我们还会引入家政服务来增加用户平台现金的使用途径。

用户很多时候不使用平台主要有两个原因，一个是对自己没用，另一个是对自己无利。

只要一个平台能够满足用户的其中一个需求，就可以促使用户积极使用该平台；如果能够满足用户两个需求，用户会不会抢着用？

很明显，对于大多数家庭来说，我们都会有干洗和家政的需求，只不过需求的强烈程度不一样罢了。用户免费使用这项刚需服务，意味着试错成本为零，这是解除用户抵触心理的第一步。

平台要努力做到的就是给予用户良好的体验，引导他们消费平台现金。

平台现金怎么消费呢？

根据用户的充值金额来定，最高可以达到1∶1抵扣，相当于以5折的价格消费。假设用户充值2000元，那他就可以享受1∶1抵扣的权益。原价200元的家政服务，系统会自动扣掉用户100元的平台现金，相当于用户只花了100元现金。

平台的所有服务定价均根据市场的平均价格来定，不会出现先涨价再打折的情况，让用户真正享受到性价比极高的家庭服务。

3. 可以做到什么效果？

这个平台运行的第一站选择在江苏常州，原因主要有3个：

（1）常州这座城市的人均国内生产总值可以排在我国城市的前30名，消费潜力大。

（2）家政创业者在常州地区有相对较多的优质人脉，方便项目的整体推进。

（3）常州还没有知名度较高的家庭服务品牌，一旦我们落实项目，较易形成垄断。

假设我们通过系统将这30亿元真正下发到这100万个家庭之中，将会覆盖全市168万家庭中的60%左右。

当一个品牌在当地的市场占有率可以超过60%的时候，说明它已经处于相对垄断的状态。大部分人在需要干洗或者家政服务时，都会第一时间想到这个品牌。

只要做过干洗或者家政服务的人，都知道这个行业的净利率是很难超过50%的，如果你想要做"价格屠夫"，是不可能从这些行业上赚大钱的，经营目的是在保本的基础上做到微利即可。

那么，商业模式如此设计的目的是什么？

可以得到100万本地高黏性的家庭用户。只要你有了这么多用户，利用平台的长尾效应就可以赚到更高的利润。例如，推出一些拼团、秒杀或者买菜服务。在水果店里卖10元/500克的猕猴桃，你拿到原产地的发货价为2元/500克，在平台上只需卖5元/500克，就能赚取一定的利润，还可以让平台用户得到实惠。

只要你采购的产品品质没有问题，价格低于终端零售价至少20%，用户一定会养成下单习惯的。

假设我们推出的爆品每件净利润为10元，每天都有10万下单量，平台单日净利润就可以达到100万元，一年也有3.65亿元的净利润。

4. 项目具体怎么落地?

任何一个项目的成功都是团队完美配合的结果，因此，如何搭建一个跟自己的价值观、使命感完全统一的团队是一个人成功与否的关键。

就目前而言，公司已经具备核心创始团队，其中包括家政创业者、干洗创业者、资深法务、财务专家、咨询专家、媒体营销团队，等等。

核心团队目前只能确保公司在法律法规的范围内运作，以及在战略决策上做出指导。具体怎么落地？还需要股东合伙人、事业合伙人和创客合伙人的三方支援。

（1）股东合伙人

股东合伙人是指在当地具有较强的人脉资源，并且认可项目、愿意推动项目往前走的合伙人。

成为股东合伙人有什么要求？

◎出资20万元，持有公司1%的股份。

◎一年之内在常州挖掘10个事业合伙人。

◎帮助10个事业合伙人挖掘10个创客合伙人。

◎帮助公司对接优质的项目（非必需）。

股东合伙人有什么利益？

◎可以享受公司每年同比例的利润分红。

◎可以享受公司上市后的股权变现价值。假设项目一步步推进顺利，每年的净利润有望达到3.65亿元，按照10倍市盈率计算，公司的市值也有望达到36.5亿元，1%的股权就是3650万元。

◎成功挖掘事业合伙人，可获得20%的挖掘回报。只要能够顺利挖掘到10位事业合伙人，股东合伙人就可以获得20万元的直接回报。

◎帮助事业合伙人顺利推进业务，可以获得额外的20%挖掘奖励，即20万元。

◎帮助公司成功对接优质项目，平台会将3%的项目销售额作为股东合伙人的永久回报。

股东合伙人没有完成任务怎么办？

因为只能在10个股东合伙人身上试错，每一个名额都很紧缺，因此可以引进淘汰机制。股东合伙人若没有在约定的时间完成一定的任务量，公司可以将相应的奖励发放给他，收回1%的股权及股东合伙人对应的权利，但会返还20万元的出资。

（2）事业合伙人

什么是事业合伙人？

事业合伙人可以理解为平台的各个分公司，这些分公司一定是极度认同这个项目的，而且愿意与公司一起落地一些项目细节。

如果股东合伙人的任务能够顺利完成，我们可以得到100位事业合伙人。

成为事业合伙人有什么要求？

◎出资10万元，持有公司0.1%的股份。

◎一年之内在常州挖掘10位创客合伙人。

◎帮助创客合伙人将平台补贴分发到每个家庭。

◎帮助公司对接优质项目（非必需）。

事业合伙人有什么利益？

◎可以享受每年双倍股权比例的分红（0.1%干股+0.1%实股）。

◎可以享受股权变现收益，有望达到365万元以上。

◎可以享受挖掘创客合伙人的回报，挖掘成功，可以获得10万元现金奖励。

◎有望获得额外帮助的创客合伙人的10万元奖励。

◎可以获得对接优质项目的3%销售收入。

◎可以享受物流盈利，每件1元。假设自己负责的10个小区每天有2000件衣物需要干洗，每天可赚2000元。

事业合伙人没有完成任务怎么办？

如果事业合伙人推进业务进程失败，同样会被收回相应权益。但是相应的现金奖励会给予兑现，并且返还10万元的出资。

值得注意的是，事业合伙人如果实力足够，也可以自己拿出一部分资金来成为创客合伙人。

（3）创客合伙人

什么是创客合伙人？

创客合伙人是直接对应每个小区服务的终端，他们直接与小区的业主接触，也是奔赴在一线的平台合伙人。

如果100位事业合伙人的工作推进顺利，我们可以挖掘出1000个专门服务于对应小区的创客合伙人。

成为创客合伙人有什么要求？

◎需要出资5万元，获得3年的平台使用权限。

◎帮助小区居民落实公司政策。

创客合伙人有什么利益?

◎每一位创客合伙人可以获得0.03%的干股分红（总分红
比例占公司分红额度的30%）。净利润可以达到3.65亿
元的话，创客合伙人可以分到1.095亿元，每位创客合
伙人平均可以分到10.95万元。

◎业主充值额7%的提成。假设创客合伙人服务了1000户
家庭，平均每个家庭一年充值1000元购买干洗和家政服
务，以及秒杀、买菜等，这就是100万元的充值费用，
创客合伙人可以获得7万元的提成费用。

◎上门收衣服和送衣服均收取1元费用。按每个小区平均
每天可以收送各200件干洗衣服计算，创客合伙人就可
以收取400元费用，一年下来为14.6万元。

◎小区业主秒杀活动3%的提成。平台每天会推出一些
秒杀活动，创客合伙人需要将活动通知到每位小区业
主，引导他们下单秒杀，成交一单可以获得单价的3%
提成。假设每个订单的售价为20元，每天有100个秒杀
订单，那么每天就有60元的秒杀提成收入，一年下来也
有2.2万元左右的收入。

◎全年五星好评奖励5万元。平台会对1000个创客合伙人
的服务质量进行评级，评级靠前的创客合伙人均有望

获得5万元奖励。

◎ 绩优小区奖励5万元。平台会对营收排名前10%的小区
进行绩优小区奖励，每家奖励5万元。

◎ 成功挖掘新的创客合伙人可获得平台使用费20%的奖励。

假设每位创客合伙人都齐心协力，创客合伙人一年可以
赚到40万元以上。

创客合伙人业绩垫底怎么办？

公司会建议其进行平台使用权的转让。

在创客合伙人面对一个小区的选择小区时，肯定都愿意
选择体量大的小区。以常州某建筑面积高达136万平方米的小
区为例，这个小区至少容纳了1万户家庭，哪个创客合伙人能
拿下这个小区，年收入超过百万元并不是很难。

而类似这样的大型小区还有很多，谁能拿到这些小区的
有限开店权，只需要第一年努力一下，后面基本都可以躺着
赚钱。

如果出现抢创客合伙人名额的情况，事业合伙人会更加
容易推进业务，进一步也会有利于股东合伙人。

可能在看案例的过程中你会有很多疑问，不要过于在
意，因为很多细节还并没有呈现。本书主要是给创业者提供一
种设计商业模式的整体思路，形成思维模式。

只要逻辑通畅，接下来就是细节的打磨。在落地的过程

中还需要根据市场反馈不断做出微调，久而久之就会形成公司独一无二的商业模式。

这个商业模式用到了入口、免费、平台、秒杀、分钱、股权、回购、算账、生态、系统、闭环、合伙、保本等多个元素。

● 垃圾易货的商业模式

废品回收在很多人看来就是收破烂，社会固有的认知导致很多人不愿从事这一行。然而真正能够扎根这一行业的人，收入都超出预期。

2021年6月，一个颇具野心的创业者希望可以找到一套颠覆传统的商业模式，向全国第一名进发，最好可以成为中国的"垃圾回收之王"。于是笔者为其打造了一套行业内独一无二的商业模式。

1. 行业背景

从市场空间来看，废品回收是一个万亿级的市场，很多人都能从中分一杯羹。截至2018年，我国废钢铁、废有色金属、废塑料、废轮胎、废纸、废弃电器电子产品、报废机动车、废旧纺织品、废玻璃、废电池这十大类别的再生资源回收总量为32218.2亿吨，同比增长14.2%。2018年，我国十大类别再生资源回收总值为8704.6亿，同比增长15.3%。

按照15%的复合增长率计算，废品回收行业在2019年的市场空间可能已经超过万亿级。

按说如此巨大的市场空间足以诞生一家市值千亿级别的公司，然而并没有，其市场格局极度分散。在全国范围内，再生资源回收企业有6700多家，已注册回收网点为23万个，未登记注册的网点有60万个，从业人员多达190万人。

我们有没有可能通过一种高效的商业模式来一统江湖呢？如果可以做到这个行业的老大，公司市值会有多少呢？

2. 行业痛点

我们能够看到的废品回收最小单位就是那些走街串巷的小商贩们，他们将收到的废品运往城市郊区的回收站。

由于新冠肺炎疫情和小区管控的因素，很多废品回收的小车无法进入小区。很多人就把家里的可回收垃圾扔进了垃圾桶。神奇的是，几乎每个小区都会有几个或者几十个喜欢翻垃圾桶捡垃圾的大爷或者大妈，他们并不是特别缺钱，而是闲来无事，总是想多赚一点钱。

在翻垃圾桶的时候，难免会将垃圾桶周围搞得脏兮兮的，有时还会有恶臭的味道扑鼻而来。

这是物业管理的难点，也经常被居民投诉。假如我们可以完美解决这一问题，是不是就可以成为小区物业最欢迎的合作伙伴？

另外，很多人会有这样的经历，一时兴起买了一台跑步机，但由于工作太忙或者其他原因，很少用到跑步机，时间久了，想要处理掉，如果直接卖给收废品的，价格可能会很低；如果不卖的话，放在家里又特别占地方。类似的物品还有很多，比如衣服、鞋子、包包等。如果此时有一个平台可以给出更高的价格，或者帮助置换一个同等价位的产品给你，你是否愿意尝试一下？

假设你花了10000元买了一张办公桌，突然公司要搬家了，如果搬走这张办公桌的话，要花3000元的搬运费，很不划算。此时，恰恰在新公司附近也有一家公司搬家，想要把原来招待客户的沙发换成一张办公桌。此时平台就会将信息进行互通，让两家公司花点小钱就得到自己想要的东西，实现各自利益最大化。

3. 如何解决痛点？

针对当前市场中普遍存在的现象，公司可以采用这四种方法来解决客户愿意、物业愿意、自己愿意的问题。

第一，公司与街道合作，可以进入街道所在地的多个小区。进入的工作人员会严格遵守小区内的规章制度，并且主动替物业承担相应的宣传工作。只要可以顺利进入小区，就有了稳定的可回收物来源。

物业为什么会愿意呢？一方面这是街道办事处同意的；另一方面小区居民的废旧物品都有确定去处，小区内的垃圾桶旁边会干净很多，因公共卫生而投诉的人少了，物业也会很满意。

第二，公司会通过以物换物的方式增加可回收物品的价值。小区居民为什么要把可回收物品给你而不是卖给其他人或者直接扔掉呢？因为我们可以让它的产品价值更高。

假设一个女生有一个包包，原价2000元，突然不想用了，如果挂到二手交易网站的话，能卖到200元，不过自己懒得下载软件且不愿意聊天交易，因此想通过废品回收的形式将其卖掉，那么这个包包的价格可能会降到20元甚至更低。

如果客户选择这家公司的App平台来进行回收，评估价格可能会达到300元，但是我们不会给现金，而是兑换300元的生活物品，比如洗衣液、食用油、桶装水等。

如果你是用户，你会怎么选择？大概率还是会通过App交易使可回收物品价值最大化吧？因为平台给了相对更高的价格。

第三，公司会努力与支付宝等支付平台打通信用认证通道，即使大家暂时没有旧物，依然可以先领生活用品回家，只要在一定期限内给出相应评估价格的物品就行。

比如，你现在到小区门口了，突然想到家里没有食用油

　　了，而公司的工作人员正在小区门口"送油"，你看到很多人都领了，会不会也去免费领一桶呢？只要将你家里的旧纸板、旧衣服、旧电器等可回收物给工作人员留着就行。

　　第四，公司提供顾客间的以物换物服务。有些顾客买了较贵的物品之后，不愿意以废品的价格卖掉或者置换，他们更想交换一个物品价值相当的产品。

　　比如，有的人家里有好几部手机，如果以废品卖掉的话可能只能卖10元钱，在二手网站也并不是很好卖，除非价格很便宜。而此时你又想要一台平板电脑，旧的也行，只要用起来不卡顿就可以。

　　用户自己去置换可能遇不到合适的人或物，还会浪费大量的时间。如果委托公司进行置换服务，那么公司则可以帮助顾客快速置换一个同等新旧、价格相差不大的平板电脑。这种体验是不是很好？

4. 公司前端盈利模式

　　公司高价回收旧物之后怎么盈利呢？主要有以下3点需要注意：

　　（1）物品之间存在差价。假设用户的产品可以卖到100元现金，公司愿意给用户兑换120元的产品，为什么呢？

　　因为公司是大规模采购，公司购买市场价120元的产品，可能只需要80元就够了，甚至更少。公司以物换物可以有效降低成本。

（2）不可升级废旧物品毛利在40%左右。类似于废纸板、空瓶子、废铁等是不可升级的物品，直接对接好回收站，毛利在40%以上。

（3）可升级废旧物品毛利在200%以上。九成新的衣服、鞋子、包包、跑步机、电视机等都是可升级废旧物品。公司回收的价格可能只有10—20元，经过专业翻新之后，通过一些二手平台出售，利差至少是成本的2倍，有的物品甚至会有超过成本10倍的利润。

比如，有个人要搬家，之前买的跑步机不要了，他花3000元买的可能50元就愿意卖掉，因为让搬家公司搬过去的费用可能高达500元，非常不划算。公司用高于50元的价格收过来之后，经过保养翻新，就可以在网上以800元的价格卖掉，价格在成本的基础上上涨了15倍之多。

公司曾专门选了几个小区进行试点，公司工作人员（创客合伙人）平均一天可以收到1000—1500元的废旧物品。付出的成本只有60%左右，即支出在600—900元。

假设这些物品全都是不可升级废旧物品，那么公司收到的这些物品可以变现为1400—2100元。换句话说，一名公司的创客合伙人一天的毛利在800—1200元。

如果除去平台抽成，公司的创客合伙人一年的收入有望达到15万元以上。

5. 公司如何获得足够多的创客合伙人？

按照平台10%的抽成计算，一名创客合伙人一天就可以为平台贡献80—120元的营收，一年就是2.9万—4.4万元的总营收。假设一个城市能有1000名创客合伙人，他们一年就可以给平台贡献2900万—4400万元的营收。

因此，公司平台需要做的就是招募足够多的创客合伙人一起创业。

那么问题来了，公司如何才能吸引如此多的创客合伙人呢？如果只是平台自己去招，会消耗公司巨大的精力。

最好的方法就是采用外包的形式让劳务中介帮忙介绍员工，只要有员工入职，劳务中介就能拿到1000元中介费。只要员工能够做满2个月，劳务中介就能再得到1000元的中介费。如果员工2个月内成功转成创客合伙人，公司会再给劳务中介3000元。

公司在聘用新员工之后会跟其签一个为期2个月的合同，月薪为6000元，主要是让员工熟悉公司，只要他感觉公司不错，2个月后，公司讲师通过固定培训技巧，可以将80%的员工转化成创客合伙人。

员工成为创客合伙人有什么条件呢？

条件只有两个：认可公司价值观；交给公司3万元。

这3万元可以得到什么东西？

（1）公司统一用于回收的电动三轮车。经过特殊改装，价值在1万元左右。

（2）7天培训，价值8000元。

（3）物料费用，包括工服、横幅、海报等，价值400元。

（4）公司后台价值5000元的货物抵用券，可以直接提货。

（5）平台3年的技术服务费，每年1万元，总价值3万元。

这意味着创客合伙人交3万元可以得到公司5.34万元的产品或者服务。

公司员工为什么要交3万元变成创客合伙人呢？

因为收入会有较大不同，如果只是公司员工的话，一年收入非常固定，只有7.2万元，而成为创客合伙人，年薪有望达到15万元甚至更多。

6. 公司如何服务创客合伙人？

假设公司经过一段时间发展，开发出了300个创客合伙人，也是一个比较大的合伙团队了，这时管理和服务就是一个大问题。

此时，公司则需要10个左右的事业合伙人，专门为创客合伙人服务。

每个事业合伙人需要交给公司20万元。

这些事业合伙人能够得到什么好处呢？

（1）公司赠送一辆价值9万元左右的配送车辆。

（2）母公司1%的股份，价值20万元。

（3）服务区域15%的营收。

按照上述的计算方式，一名创客合伙人可以为事业合伙人贡献4.35万—7.6万元。只要一个事业合伙人能够服务10个创客合伙人，那么他一年的毛利润在43.5万—76万元之间。

7. 公司总部如何运作？

公司总部主要设有高级管理部门和运营部门。高级管理部门主要聚焦公司的战略问题，运营部门负责处理可升级废旧物品的维修、翻新和销售工作。

公司收取10%的管理费作为平台的运营费用，如有盈余会通过补贴的形式返还给创客合伙人和事业合伙人。

公司在废旧物品回收上争取做到不赚钱，而让所有的参与者赚到钱。

8. 公司得到了什么？

既然公司不通过废旧物品回收赚钱，那么靠什么赚钱呢？

试想一下，假设这家公司能真的开发出10个事业合伙人、500个创客合伙人，那么其经营区域会覆盖到至少1000个小区。由此会获得约100万的用户，当你有了100万的用户，还怕赚不到钱吗？

千万不要把平台简单定位在废旧物品回收上面，因为它是一个互联网平台，它的边界就是没有边界，类似于某团网站一样。废旧物品回收只是平台的用户入口而已！

假设平台每周推出一个超低价秒杀活动，例如，原产地19元/箱的2.5千克装猕猴桃，普通用户可能需要每箱支付39元，而你的平台直接推出29元/箱的价格，哪怕一次只有1/10的用户会购买，也会有10万人下单，一箱赚10元，合计也有100万元的毛利润。一个月有4次这样的团购也就会产生400万元的毛利润。

前期平台为了让用户感受到便宜，甚至可以做到一箱只赚1元钱，要的就是先占领用户心智。当用户知道你的平台产品非常便宜之后，其中一部分人就会养成到这个平台购买产品的习惯。

同样消费者也可以用废旧物品直接兑换平台产品，不一定限定在生活用品领域，可以把更多的选择权交给用户。

另外，在平台拥有了100万活跃用户之后，融资也就是水到渠成的事情了。

按照每个用户1000元的价值计算（阿里巴巴的获客成本在1000元左右），公司的估值已经达到10亿元。

如果释放10%的股权出去，公司就可以拿到1亿元的现金。这1亿元到账之后，可以主要用来做两件事情：第一件就是供应链的开发，引入一些大品牌产品，弱化小品牌的主导地位，进一步强化产品质量在用户心中的认知；第二件是在本省（市、自治区）区域内快速复制，让公司在当地拥有较高知名度。

在本省（市、自治区）迅速打开局面之后，就可以进行B轮（2轮）或者C轮（3轮）融资，将范围扩向全国。一旦全国市场彻底打开，公司保守估计可以拥有1亿用户。

再一次按照1个活跃用户价值1000元计算，平台价值就是千亿级别的，此时平台就会成为国内最具知名度的废旧物品回收平台。

9. 公司的未来展望

公司表面上是一家废旧物品回收平台，但是平台并不靠废旧回收赚钱，而是以废旧回收作为入口，以家庭服务为核心，未来可以延展的方向有很多。

第一，公司完全可以延伸出家政服务这项业务。可以对标58到家，其服务包括家政、搬家、速运、洗车、陪练、推拿、按摩等多个领域。

第二，公司也可以延伸出社区团购这项业务。因为生鲜是消费者的刚需，能够极大程度激活用户的活跃程度，更为关键的是社区团购市场空间巨大，否则巨头们也不会打得头破血流了。

未来可以延伸的领域还有很多，比如私人医生、私人律师、私人理财师等。

市场空间很大，不过千里之行，始于足下，落实过程也很关键。

这个商业模式里可以看到易货、平台、层级、入口、信用、生态、保本、分钱、股权、电商、算账、招商等元素。

大家能否在这套模式的基础之上再加入一些元素呢？这套模式除了可以用在垃圾回收领域，还可以用在哪些领域呢？

● 蔬菜店的商业模式

随着资本对人们生活的不断介入，许多领域都受到了影响，就连小区门口的蔬菜店都不好做了。

2020年年底，一个开蔬菜连锁店的年轻创业者诉说了他们现在遇到的困境。

他表示，他的父母以前是流动菜贩，哪里人流大就会去哪里摆地摊卖菜。赚了一点钱后就开始开店。由于对蔬菜比较了解，也知道怎样减少损耗，一家50平方米的蔬菜店年净利润也能达到30万元左右。5年就在市区开了8家蔬菜连锁店，除去各项开支之后，年收入超过100万元。

可是随着社区团购平台越来越多，经常有便宜的蔬菜出现，实体店越来越难做，收益也直线下滑。有的店铺年利润已经从18万元降到了8万元。

如果再不采取措施，蔬菜店随时可能亏损，该怎么办呢？

因为不管是任何资本，在快速扩张的时候一定存在弱点，只要我们能够找到资本的弱点，并迎头痛击，自然可以成功反击。

可能有人会说："你一家小菜店还想跟资本对决，这不是痴人说梦吗？"

一家小菜店肯定打不过庞大的资本，但是小菜店也同样存在一些优势，这是资本用钱做不到的。

社区团购巨头就像大海上的一艘航母，而社区小菜店就像大海上的独木舟。航母虽然装备精良，杀伤力巨大，却不如独木舟机动方便。正所谓"船小好调头"，独木舟最大的好处就是它的灵活性，因此，小菜店一定有保卫自己的方法。

我们现在就来找寻一下巨头的弱点在哪里？

1. 政策因素

生鲜买卖关系到了民生问题，国家甚至专门推出了"菜篮子工程"，以给大家提供既便宜又新鲜的生鲜。社区团购的巨头们一旦对生鲜形成垄断，价格可能彻底失控，这对于"菜篮子工程"是一种威胁。

为了保护"菜篮子工程"和消费者的合法权益，多个相关部门严格控制社区团购平台采用低价倾销的销售方式。这种经典的互联网打法在这里无法使用，让互联网企业不得不与实体店展开相对比较公平的竞争。

2. 新鲜和价格不能兼顾

如果社区团购平台选择走新鲜路线，蔬菜的价格一定降不下来，甚至还会很高，超过大多数人的接受范围。如果社区团购平台选择走平价路线，蔬菜就无法保证新鲜。

就目前的市场情况而言，大多数社区团购平台选择了后者，因为它们都想争取最多的用户。它们也确实给用户提供了并不是很贵的生鲜，不过有时候质量真的不敢恭维。

我经常在社区团购平台的合作点看到并没有被包裹好的蔬菜，菜叶子蔫蔫的，没有太多水分的样子，而且就在地上扔着，看着有点像垃圾。

除了蔬菜，这些社区团购平台还卖酸奶、松子等产品，这些产品也确实会便宜一点，但是买到家后往往会发现酸奶是山寨品牌，松子也全是小小的。

很明显，社区团购平台的这些产品不仅没有提高人们的生活质量，反而降低了，这是不可持续的商业发展模式。

可能有人会不解，这些巨头在资本的助力下，不是直接从源头拿货吗？为什么送到用户手上的产品都不尽如人意呢？

这跟它们所处的阶段有很大关系，目前，正是各家社

区团购平台闪电式扩张的好时机，几乎所有的平台都在忙着
"圈用户"，暂时还没法停下来提高用户的体验感。

3. 平台与小区用户之间难有很深的交情

平台与用户之间的关系是虚拟的，很难产生真正的感
情。反观实体生鲜店，老板对消费者一声声温情的问候会让
消费者内心倍感温暖。表面上看这是没有用的，实际上很有
价值。

假设一位老人有段时间没来这里买菜，老板再见到她的
时候就可以打招呼道："阿姨最近怎么样？好久没见了。"

如果老人说自己生病了，老板可以表示："哎呀，我都
不知道这件事，要不然就过去看看您了。我这里也没什么送给
您的，送阿姨一兜鸡蛋，回去补补身子。"

不管阿姨收不收这兜鸡蛋，这个老板已经给阿姨提供了
很大的情感价值，未来阿姨可能都会在这里购买生鲜。这是互
联网平台难以做到的事情。

结合社区团购的三大缺点，我相信大家心中应该对实体
店再次充满信心了，因此我们一定可以找出一种方法来反击社
区团购平台。

具体该如何操作呢？

1. 找到生鲜批发源头，确保批发进货价格已经最低

在商业竞争中，产品的成本决定了企业的竞争力强弱。

假设特斯拉不能量产，那么特斯拉Model 3的成本可能高于30万元，售价更会接近40万元。这个定价将会给国产新能源汽车巨大的机会，因为30万元以下的市场才是汽车的主流消费市场。

在特斯拉实现量产之后，成本下降明显，汽车售价也降到了25万元以内，潜在客户量很快呈指数级上升。

同样，生鲜市场也讲究低成本。只要你能将成本降到最低，就可以做到不给竞争对手任何机会。否则，其他竞争对手就可能会用你的商业模式打败你。

2. 放弃心中的贪念，采用保本策略销售

最近几年，消费者经常会抱怨生鲜价格太贵，尤其是蔬菜和水果的价格。源头价格出现一定程度上涨是正常的，不过涨幅远没有零售价涨得那么高。大多生鲜的溢价出现在了销售的最后一环——生鲜店或者超市。

很多小区门口的小菜店从菜市场拿到货之后都会以成本价2—3倍的价格出售。比如，批发价1元/500克的番茄，菜店可能要卖2.5元/500克；批发价0.7元/500克的藕，在菜店价格也可能卖到2元/500克。

可能会有人说蔬菜店太黑了，加价这么多，其实菜店老板也有苦衷。因为蔬菜水果不像米面油等标准化程度很高的产品，存放时间长，损耗很低。不管是蔬菜还是水果，损耗率

都很高，有的甚至达到25%左右。大型超市的损耗率在13%左右，巨大的损耗让所有店铺都不得不将损耗的成本加入售价里。

　　生鲜店加价幅度高，成了很多消费者的一个痛点，有没有什么方法让生鲜店加价幅度小一点呢？让所有人都吃上新鲜、便宜的生鲜呢？

　　答案是有的，那就是直接将生鲜价格降至成本线。卖生鲜并不是为了赚钱，而是为了保本，这是很多人都不敢做的事情。

　　比如，竞争对手那里卖2.5元/500克的番茄，你这里卖1.5元/500克；竞争对手那里卖2元/500克的藕，你这里卖1.2元/500克。

　　这样价格优势瞬间就能体现出来，客流量一定会源源不断。

　　我为什么敢这么肯定？因为到生鲜店日常购物的消费者大多数为中老年人和年轻家庭主妇，他们对生鲜的价格十分敏感，只要一家店铺的蔬菜能便宜0.5元/500克，就有可能传遍整个小区。

　　而你店里的平均菜价可能比竞争对手那里便宜1元/500克，这么低的价格怎能不让人心动？

　　这里需要注意的是，不能贪心，不要以为平均便宜0.5

元/500克就客户不断了，然后就停止降价，这是不对的，而且风险较大，客户很容易被竞争对手抢走。

要降价一定要降到极致，降到不能赚钱为止。这会让竞争对手不敢轻易跟进，为你赢得较好的发展先机。

3.通过会员卡实现盈利

如果生鲜店一直是保本经营，没有任何附加条件，那么这不是做生意，而是做慈善。保本销售的目的是让消费者可以满足创业者一个条件，消费者可以接受，也可以不接受。不过创业者设计商业模式的目的就是尽量让所有的消费者都接受你的条件。

保本策略+会员模式是最流行的商业模式之一，我们完全可以借鉴。

假设一个生鲜店铺以开业酬宾为由，将价格调至保本价，自然容易吸引本小区以及附近小区的居民过来购买。当他们对生鲜店形成依赖之后，生鲜店贴出开业活动结束的公告，如果还想继续享受之前的低价，只要办理一张会员卡即可，年费是365元，平均每天只要1块钱。如果不办理会员卡，就要以非会员的价格购买，这个价格就是市场价。

大多数会员最后都会办理年度会员，因为很多家庭一个月的生鲜花费都在2000元左右，如果办理了会员，可能每月只需要花费1500元就够了。换句话说，只需要在这家店购买1个月的生鲜，会员费就省出来了。

有了会员卡之后，平均每个家庭每年可以省6000元，如果是你，你会办理这张365元的会员卡吗？

假设你的生鲜店开在了一个拥有2000户家庭的小区门口，其中有30%的家庭因为各种原因没有办你的卡，另外1400户家庭办了你的卡，那么你每年的净利润将会达到51.1万元。

这个净利润虽然不是很高，但是对很多小区门口的生鲜店来说，已经是天花板级别的盈利了。

4. 深度服务小区用户

永远不要以为用户成为你的会员，就可以放松对客户的管理了。相反，你需要更加用心对待每一位会员。

服务包括生鲜预订、送货上门、帮扔垃圾、帮充话费等，服务的目的只有一个，不断给予用户新的情绪价值，这样用户黏性才会不断增强。

只有不断做深与小区用户的关系，才容易延伸出新的业务内容。比如，在拥有了小区70%的客户之后，是不是可以将这些客户引流到你的自媒体平台上呢？这样，你可以把你的自媒体平台做成小区的"信息栏"和"广告栏"，发布一条广告就收取500—2000元的费用，这样算下来，每个月增收1万元左右，一年下来就是约12万元的收入。

另外，还可以利用客户集中的优势举行一些跟家庭日常用品相关的秒杀活动。

粗略估算下来，一个生鲜店一年的净收入有望达到70万元以上。

5. 特殊时间回馈会员

一年之内可以挑选几个特别的日子，让会员参与抽奖活动或者聚会，将一部分利润回馈给用户，让用户有意外的惊喜。

以上这套商业模式非常简单，落地也相对比较容易。不过有些细节还是需要注意的，比如，营销活动设计、引流话术、服务话术、员工服务规范等。

总的来说，这套商业模式不仅适合生鲜店铺，还适合其他很多行业。创业者可以结合自己的行业特点思考这套模式是否适合。

这套商业模式运用到了保本、会员、极致、社群、实体、零售、体验、算账、价值、流量等元素。

请注意，这套商业模式仅仅聚焦在了一家店铺的打造上，如果创业者野心较大，完全可以在样本店做好之后，通过融资的方式快速复制，从而占领市场，形成规模，成为一个新锐生鲜品牌，找到合适时机实现上市，寻求更高层级的发展。

● 美业行业的商业模式

2021年，笔者接待了一位来自武汉的美业人刘总，并为刘总量身定制了一套非常符合他的企业的商业模式。这一模式不仅有利于他开展当下的业务，还有利于日后他将公司带上市。

1. 客户背景介绍

刘总本人在美业（包括美容、美发、化妆、美体、美甲、服饰、纹绣等）已经深耕了16年，其中前10年他是一家美业店的老板。在当老板的时候，他喜欢到处学习，参加各种培训，一切目的都是让店铺能有更好的收益。

随着刘总学习到的知识越来越多，他将老师们的课程融合起来之后发现自己也能讲出一套非常有效的美业发展解决方案。渐渐地，刘总逐渐走上了美业培训的道路。短短6年时间，他从助教到讲师，最后做到企业合伙人。

在6年培训生涯的加持之下，刘总的会销能力已经跻身同行前1%之列。他的解决方案有3种，价格分别为3万元、10万元和50万元。价格不同，公司的参与程度也就不同。

每场中型会议（150人左右）下来，刘总可以售出大约20个3万元的解决方案，约10个10万元的解决方案，2—5个50万元的解决方案。

　　理论上来说，刘总卖出的解决方案越多，公司就能赚到越多的钱。可是这样刘总需要引入越来越多的客服人员来给购买的人拆解和落地解决方案。如果在这个过程中，客户感觉不满意的话，可能会退款。

　　换句话说，看似收益颇丰的行业，实际上也是一个人才密集型行业，客户越多，需要的员工就越多。

　　如今，刘总作为公司的主要负责人，一直在思考怎样才能够帮助公司业绩倍增，且不需要那么多的客服人员，最为重要的是让客户彻彻底底离不开他，该怎么做呢？

2. 忘掉客户，引入平台思维

　　刘总使用传统方式能够达到让公司业绩倍增的目的吗？

　　有可能，不过一定会非常累。而且随着公司营收越做越大，他会越来越累。

　　假设刘总暂时忘掉自己的传统模式，忘掉客户，而是集中精力构建一个美业超级平台呢？

　　为什么很多老板愿意每年花费几千、上万元来学习课程呢？无非就是想解决客户少、发展慢的问题。

　　假设一家店铺每天客户多到服务人员都服务不过来，老板还会有时间到处学习吗？有这个时间，老板恨不得多开几家连锁店呢。

　　是什么原因导致美业普遍存在客户少的问题呢？最主要

有6个原因：

（1）缺少流量工具。目前是短视频横行的年代，很多美业老板并不会合理利用这些免费的流量，最终导致企业错失当前最好的机会。

（2）缺少引流平台。目前很多平台都没有把美业当成全部，只是部分业务。而且很多平台非常杂乱，让美业人不知如何下手。缺少合适正规的引流平台，最终也导致了美业人的普遍焦虑。

（3）缺少营销思路。为什么很多客户会认为美业是一个水很深的行业？因为很多同行缺少正确的营销思路，让客户感觉自己享受的服务不值这个价，最终也就产生了不好的印象，更别说回购了。

（4）缺少管理系统。很多美业店铺要么还在使用较为过时的管理系统，要么就是没有管理系统，员工的各种不规范操作会让店铺形象和发展受损严重。

（5）缺少变现能力。很多美业从业者工作多年，有成千上万的会员，可是一直没有合适的方法让自己的会员活跃起来，从而产生巨大的经济效益。

（6）缺少合伙机制。为什么那些赚大钱的人看起来都更加轻松了呢？因为他们拥有一套成熟的合伙机制，在一个店铺发展到合适的阶段，老板就会将店长发展为合伙人，店长会在规范下履行合伙人的义务，老板只需要当一个甩手掌柜就行了。这就有点类似海底捞的发展模式。

如果美业人想要在线下解决这六大难题，少说也要花费3万元以上的学费，多的可能高达上百万元。

试想一下，假设刘总开发出这样一个平台，可以同时解决美业人的六大难题，而且价格可以低到998元/年，此时会有多少美业人愿意尝试呢？

据悉，当前我国美业的开业店铺量在2000万左右，如果真的能够争取到其中50%的店铺，也就是1000万家，那么我们每年仅仅这个费用就要收到100亿元左右（后期还会有更大的利润，取决于用户数的多少），这样是不是就可以轻松实现业绩倍增？更为关键的是，可以免去很多项目交付的难题，而且公司上下都不会太累。

3. 模式如何设计呢？

那么，我们如何设计一套符合刘总需求的商业模式呢？

这就要从刘总的优势着手了。刘总的会销能力很强，而且能够聚集一批美业人来听课，那么刘总就可以在前期收取一笔费用作为项目的启动资金，从而逐步推动项目的进行，直至成功。

第一步，刘总在项目启动之时，需要招募20位认同这个项目的联合创始人，每人收费50万元，共募集1000万元，每人占股1%，项目初始估值5000万元。

为什么要招募20位联合创始人呢？一方面可以为公司提供一笔1000万元的启动资金；另一方面可以汇集每个人背后的巨大美业资源。

联合创始人为什么愿意支付这50万元呢？不仅因为项目的未来发展空间巨大，而且也有望在不久的将来就能回本，甚至盈利（请看下一步）。

在首笔资金到位之后，公司便开始着手开发系统、完善内容，让App从概念到上线。

第二步，20名联合创始人充分利用他们背后的美业资源，最终目标是开发出1000位事业合伙人（平均每人开发50名事业合伙人），每人投资10万元，占股0.01%。此时公司估值已经高达10亿元。

为什么短短几个月公司估值就暴涨20倍？因为，一旦这1000位事业合伙人落地之后，公司的成功率就提高到80%以上。在这里需要明确一点，每位事业合伙人都类似每个城市的总代理，因为城市大小不同，有的城市会有1个总代理，有的会有2个。

公司本轮可以拿到1亿元的融资，不过会拿出20%来奖励联合创始人，平均每人100万元。这也就意味着只要达成1000名事业合伙人的目标之后，每位联合创始人都能立马赚到50万元。更重要的是，还拿到了公司1%的股份，按照公司10亿元的估值计算，他们手里的股份估值就可以达到1000万元。

那么问题来了，事业合伙人为什么要加入呢？主要有3个原因：

（1）事业合伙人有望立马回本或者赚钱。

（2）事业合伙人的股权价值至少上涨10倍，公司估值高达100亿元。

（3）事业合伙人可以享受自己所在辖区会员营收的10%提成。假设平台一共有1000万用户，每年产生100亿元的营收，10%就是10亿元，平均到1000人身上，每人每年可以分到100万元。

在第二轮资金到位之后，公司将已有的美业解决方案进行升级，并且模块化。此外，还会引入专业的自媒体团队、美业知名讲师以及管理专家来构建一个全方位美业提升体系，让商家无法拒绝接入平台。

第三步，每个事业合伙人需要在自己所在辖区招募10—20名创客，每名创客投资5万元，公司本轮可以得到至少10000名创客和5亿元融资。

同样，公司再次拿出20%提成奖励事业合伙人，这意味着事业合伙人至少可以回本。如果可以拓展出20名创客的话，那么事业合伙人还能赚10万元。

　　本轮融资，创客不持有公司任何股份。那么创客为什么还要交钱呢？

　　原因很简单，每位创客就相当于县市当地的代理，他们可以在自己的辖区进行地毯式的开发，让当地所有美业老板加入这个平台中来。

　　创客只要推荐一个美业老板加入平台，就可以立马拿到50%的提成，接近500元。每位创客只需要每年开发出100位美业老板就能回本。

　　除此之外，创客还能拿到自己辖区公司实际营收的20%提成。举个例子，假设每个创客第一年开发出了200位美业老板，这就意味着他们创造了20万元的会员收入，其中创客直接拿到10万元的提成，公司拿到10万元。公司会在年终的时候，拿出其中的2万元奖励给创客个人。也就意味着创客第一年赚了12万元。

　　是不是感觉赚得不太多？别急，只要这些美业老板第二年续费，创客就可以在没怎么工作的情况下拿到4万元的分成。假设5年之后，创客开发出1000家美业老板呢？每年的续费金额就可以达到100万元，创客可以躺赚20万元。这是在什么也没做的情况下赚到的。

　　第三轮资金到位之后，平台将会通过奖励方案，鼓励美业店铺吸引用户入驻平台。

第四步，引入专业投资机构，优化公司股权结构，递交招股说明书。

公司预计通过创客开发和创客互相推荐的方式在3年之内开发出500万—1000万家美业店铺客户。每家店铺只需要吸引100个用户在平台注册并且使用，那么公司将会在4年之内裂变出4亿用户。

我们现在可以随便打开一家拥有4亿用户的App，估值或者市值至少都在千亿元，多的已经接近万亿元。

可是公司在上市之前，需要再融资一轮。假设公司可以达成4亿用户的目标的话，估值是可以轻松达到500亿元的。本轮融资可以融到50亿元，释放10%的股份。

此次融资不仅是为了要投资机构的钱，更重要的是让这些投资机构帮助优化公司股权结构，用最佳的方式实现首次公开募股（IPO）。

公司也可以在首次公开募股之前，利用融资到的钱做一波广告，发一波红包，来激活用户的活跃度。

假设平台能够拥有4亿活跃用户，那么公司就会像淘宝网那样转化为一家广告公司。店铺想要排名靠前，需要购买"直通车"等服务。

同样，美业店铺也可以通过"直通车"直接为店铺引流，各取所需。

4. 产品为什么会比较好推？

假设美业平台刚上来就让创客去卖会员，是有一定的难度的。毕竟这些店铺负责人不会随意对一个没有听过的平台付费。

平台会针对用户推出免费版和付费版，类似于绝大多数的App，减少用户的试错成本。更重要的是，平台将永久推出能够满足店铺的日常运营需求的免费版本。

举个例子，假设一款App里边有很多帮助店铺提高运营效率的方法，而且都免费，店铺是不是有可能试用一下呢？

就算他们不用，创客可以通过竞争对手已经使用的话术增加他们的焦虑感，从而促使他们免费使用。

只要用户免费使用了，就会发现这款软件完全就是为他们量身定制的，可惜免费使用的权限有点少。如果想要更多更丰富的内容，只需要交年费就可以了。

这就是典型的靠增值服务收费的商业模式，也是很多软件厂商的惯用推广方法。

软件免费可以解决两个愿意的问题：一是美业商家愿意使用；二是创客愿意帮公司推广。

这两个关键环节"愿意"了才能顺利推进整个商业模式。

5. 小结

公司搭建这个平台的主要目的就是为了解决美业普遍存

在的痛点，同时给出整套解决方案。

不过在平台发展后期，重心会逐渐向用户倾斜，有点类似于阿里巴巴集团中延伸出了淘宝网。

另外，这个商业模式只是一个总体构想，里边会涉及很多细节问题，其中包括法律、营销、管理、人事等，不过这些后期都是可以优化的。

我希望所有美业人看到之后，都能站在自己的角度提出问题，在此基础上做出优化，做出一套适合自己的商业模式！

在以上的设计里，我们可以看到免费、平台、股权、分钱、会销、估值、系统、痛点等元素。

这个案例主要是从一个痛点切入，设计出更加高效的美业管理系统，通过免费的方式让所有商家都能无偿接触到它，中间又融入了股权、分钱、会销等元素，让企业现金流一直处于健康状态。

● 足浴行业的商业模式

提起足浴，不知道大家首先会想到什么？

可能有人已经联想到性感美女或者粉红色的灯光了。

不过我们主要谈论的是，正规的足浴店有没有什么方法可以做大做强呢？

2021年，一家国内知名连锁足浴店的合伙人吴总由于对原有公司的内部管理和利益分配不太满意，于是出来单干。

不过，他在创业的过程中又陷入了传统的足浴商业模式中，很难与老东家竞争。在这种情况下，他找到了笔者，希望在现有条件的基础之上做出一个新的商业模式，颠覆原有的商业模式。

经过一番沟通之后，笔者很快就帮他设计出了一套全新的解决方案。这套模式不仅可能颠覆本地的足浴行业，更有可能在全国范围内生根发芽。

更为重要的是，这套模式不仅可以用在足浴行业，还可以用在其他很多行业。经过沟通，吴总并不介意将这套模式公开，他也希望可以帮助更多创业路上的创业者。

1. 客户的基本概况

吴总是一个从事足浴行业超过20年的资深从业者，他与合伙人一起打造了一家国内知名的足浴连锁店。

这些年，吴总充分享受了行业红利，获利亿元以上。不过后来由于种种原因，几个创始人分了家，吴总目前在常州地区拥有8家500—1000平方米的大型足浴店，平均每家店每个月的营业额在60万元以上。

虽然总体上营收还不错，但是除去员工工资、房租及税费等，每年也就赚几百万元而已。吴总对这个收入并不满意，因为他感觉自己完全有能力运营一家上市公司。

就目前而言，国内的A股市场还没有任何一家足浴店上市，这并不是说足浴店不赚钱，而是其模式并不被资本市场认可。

因此，吴总的当务之急就是打造一套可以被资本市场认可的足浴模式，让公司成为一个超级平台，从而让赚钱成为顺其自然的事情。

2.行业概况如何?

在正式开始模式设计之前，我们还应该注意到国内消费的一个趋势：小而美。

我们跳出本行业来看，那些小而美的奶茶店、鸭脖店、干果店等都是资本市场的宠儿。但是，一家大型的足浴店需要投入巨额资金才能保证顺利开业，而且客源是否稳定也是一个问题。这不利于全民足浴化的进行，对建设平台也存在重大阻碍。

因此，想要真正品牌化、平台化，投资小、门槛低的小型足浴店则成了最佳选择。

按照目前常州的市场价格来看，一小时的足浴价格多为69元，这是大部分人能够承受的价格。

作为一个新品牌，如何才能在市场中掀起大的波动，让所有人为之尖叫呢?

如果我们采用价格战的方法，结果会怎样？比如，同行的价格是69元/小时，我们的价格是49元/小时，降价可能会起到一点作用，但是并不会起太大作用，因为依然要解决客户少的问题。

假设我们的价格不变，也是69元/小时，但是只要在店里消费69元就能拿到一张69元的无门槛消费券，可以在指定的水果店或者网上商城购买同等金额的商品，这是不是更有吸引力呢？

因为这样对外宣传的时候就可以说是0元洗浴店，可能这种宣传方式存在一定的争议，但是没有人会对0元不心动！

3. 正式展开模式

在有了以上的基础思路之后，我们就很容易把商业模式清晰地展现在大家面前了！

第一步，利用吴总的本地资源展开全城招商活动。

吴总在常州深耕超20年，本地的人脉资源十分丰富，我们可以利用这些人脉来招商。

本次招商的主要对象是40—50岁的下岗失业人员。这样的年龄在职场中是非常尴尬的，如果没有特别过人的技能，很多公司不会招收。如果我们仔细观察会发现，很多电子厂的招工年龄都是35岁以下，个别招不到人的工厂会将年龄放宽至40岁。

那么，40岁以后的人到哪里工作呢？

要么自己创业，要么选择保安或者其他对年龄要求更低的职业，但这样，工资也就更低了。

可是随着物价的上涨，微薄的工资并不能真正提升人们的生活水平。而品牌化的足浴店可以说是这批下岗失业人员的救星。

其实，只要他们愿意，可以赚得比公司白领还要多。加盟开一家50—100平方米的店铺，一年的收益可以做到20万元左右。这不但能提高下岗失业人员的收入，还能带动当地下岗失业人员再就业，政府机构也乐见其成，因此会愿意出面做背书。

那么问题来了，下岗失业人员为什么愿意加入呢？

（1）有官方背书，大家对这家店有信任感。

（2）不收任何加盟费用。

（3）只要在店里消费，消费者就可以拿到同等金额的消费券，到同品牌优选店铺进行消费（相当于0元足浴），加盟店铺不用考虑客源的问题，不过总部会收取加盟足浴店30%的营业额。

（4）创始人具有多年的从业经验，无论是足浴培训还是运营管理，都轻车熟路。

（5）如果经营一年之后店铺亏损，总部给兜底，要么回收，要么补贴。

总体来说，加盟者只需在前期支付一点房租和装修费用，公司负责兜底，亏本的可能性几乎为零，有创业想法的人没有道理不加盟。

第二步，创办足浴培训学校。

经过多轮招商加盟之后，很多人会想要加入，可是没有经验，怎么办？没关系，可以在培训学校里免费学习。

初步计划是，先在常州地区开设1000家小型足浴店，保守估计至少可以创造2000个就业岗位。

培训老师从哪里来？吴总已经开业的大型足浴店里有很多技术熟练的技师，他们完全可以成为老师，来给初学者授课。

简而言之，这所培训学校的存在就是为加盟商服务的，不仅可以教会创业者怎么做足浴，还可以给加盟商源源不断地提供员工。

当然也有学员在学会技术之后不在本公司体系内工作，那么他可以与培训学校签订劳务派遣合同，这样公司就把一些想赚更多钱的年轻学员输送到高档会所，并从中赚取劳务提成，提成比例通常在20%—30%。假设培训学校一年培训了1万名学员，其中有5000名进入了高档会所工作，平均每人每天能赚800元，按照最低的20%比例计算，培训学校每天可以赚取

80万元的收入，一年下来就是2.9亿元，这个收入也足够令人惊喜。

第三步，在全市范围内设立优选店。

优选店其实是相关的水果店，并且主要定位在中高端水果领域，价格相对较高，为的就是至少保持5倍的利差。因为明眼人一看就知道，开优选店的目的就是吸引人们到足浴店消费，再拿着赠送的现金券到优选店消费，从而形成一个完美的闭环。

在优选店的开设上也要注意，我们不可能像开足浴店一样开那么多优选店，因为产品价格较高，很容易滞销，因此，优选店大多会开在那些消费能力比较强的小区旁边。

由于优选店全都是总部自己投资建设，所以会拿出足浴店20%的营收用来补贴优选店。毕竟从最悲观的角度来看，优选店可能会没有任何一个小区顾客用现金购买，那么优选店就可能根本不盈利。不过，只要店铺选址还可以，营销也能跟上的话，还是会有小区用户拿现金来优选店消费的。

另外，需要注意的是，如果想要让优选店尽人皆知，可以尝试在万达广场等商场一楼入口处花费巨资租一间店铺来做展示。

这家水果店其实就是做一个广告，也根本就没有准备盈利，只希望给足浴店做广告引流。

从设立比例上看，足浴店与优选店的比例在20：1之间比较合理。这么做基本上可以保证在3千米之内至少有1家足浴店，5千米之内有一家优选店。

由于优选店大多设立在高档小区旁边，那么一般小区的消费者想要购买就不太容易，这时就可以用上店铺提供的跑腿服务，优选店可以通过跑腿服务来实现盈利。

假如顾客在小区门口做过足浴之后，想要吃水果了，那就直接在公司的App或者小程序上找一家距离自己最近的优选店，让店员跑腿将水果送到家里。因为水果没有花钱，所以消费者是愿意支付10—20元跑腿费用的。

第四步，打造自己的专属 App。

看到这里，我们会发现总部虽然收取了足浴店30%的营收，但是有20%都是拿来补贴优选店铺了，只有10%属于公司的营收。假设平均每家店铺每年的营收为30万元，1000家店铺的总营收为3亿元，10%的提成也就是3000万元。

这个收入看似不少，但对一个拥有上千家门店的企业来说是不正常的。与此同时，公司的培训学校在第一年也有可能没有盈利。

那么，这家企业到底在赚什么钱？

答案很简单，即使这家企业一年到头什么钱也没有赚到，依然非常值钱。因为它的平台上至少有上百万的本地用户，这才是它最值钱的地方。

而且，一旦这个模式在常州跑通之后，它在其他的一二线城市依然可以跑通，用户将成为这家企业最核心的价值。

因此，表面上看这是一家足浴连锁品牌，实际上这是一家互联网足浴集团。只要你的用户数足够多，企业就能足够值钱，赚钱是迟早的事情。

企业先值钱，然后再赚钱，这样的企业才更容易获得资本市场青睐，做一家百亿元的足浴独角兽有何不可？

这个案例用到了免费、算账、定位、兜底、复制、平台、系统等商业模式元素。

只要有免费元素，就会开启用户内心的算账模式，用户感觉实惠，自然愿意不断复购。加盟可以解决公司因快速扩张而风险变大的问题。而加盟商之所以愿意加盟，是因为没有后顾之忧。水果优选店定位高端，配合足浴店来形成一个生态系统。系统形成之后就可以快速复制，最终形成一个平台，利用互联网方式实现盈利。

● 共享股东的商业模式

能够帮助企业解决问题的公司一定是一家值钱的公司！

2021年8月，一个具有大厂背景的资深程序员找到笔者，他特别希望能开发一套软件来为实体店老板解决问题，可是不知道实体店老板们到底有什么痛点。

他希望找出一个方向，最好是市场空间大、竞争对手少的创业方向。

此时就要思考实体店创业者可能遇到的问题。

开店的目的是什么？是通过开店来赚钱，还是通过赚钱来开店？99%的老板都搞反了。

之所以赚不到，不是因为店不好、产品不好、员工不好、市场不好，而是开店老板的思维不好！

不会赚钱的老板是在经营自己背后的人脉，会赚钱的老板是在经营一群合伙人背后的人脉。定位错了一切都错了。

生意不好是因为人脉经营完了，想要突破这个难点，老板必须要从经营一个人的人脉迈向经营一群人的人脉。这才是真正的基业长青的经营之道。

不知道大家最近几年有没有关注过实体店？

你感觉什么店容易赚钱？什么店不容易赚钱？

说实话，所有的实体店都不容易赚钱，哪怕是暂时赚到钱的实体店，老板依然会感到焦虑。

如果你想知道实体店行业有多么残酷，那么我建议你经常到城市的核心商圈逛一逛，并且大概记住每家店铺的名字。

一个月后你会发现，这条街上，老的店铺已匆匆收场，又会有几家新的店铺开业。如果跟这些闭店的实体店主深聊，你会发现，实体店最主要的几个倒闭原因分别是房租高、人工贵、管理难、利润低、客户少、缺少融资渠道、缺少商业模式设计等。

归根结底，最大的问题还是客户少的问题。甭管你现在开的是餐饮店还是美容院，假设每天都有1000人进店消费，你还会愁没钱赚吗？一定不会，只要你的客户足够多，一切问题都不再是问题。

可是实体店的客户在哪里？我们该怎么去寻找这么多客户到店消费呢？

如果是通过公司业务员去开拓，那么成本会极高，而且效果也不一定立竿见影；如果是通过做活动来吸引，公司可能只是增加了人气以及阶段性的人流，并没有增加利润。

反正很多实体店老板在尝试了各种方法之后依然失败，他们就会坚持认为是因为房租太贵、互联网冲击、员工工资太高等，这些都没有办法改变，最后开始认命。

如果你是实体店老板，你会通过什么方法在花很少的钱甚至不花钱的情况下，让店铺客流源源不断呢？

如果你没有比较好的思路，不妨来听下面的思路。

假设你现在是一家实体店的老板，这边有一款专门帮你拓客引流的软件，你有没有兴趣了解一下？假设这款软件不仅可以帮你拓展客源，还能让店铺快速收回开店成本，你想不想要？

此软件最实用的功能有三个。第一个解决挖掘客户来源的问题；第二个解决如何让员工主动愿意成为股东的问题；第三个解决如何寻找源源不断现金流的问题。

其他的功能都是让实体店生意变得更好的辅助功能，整套系统的核心就是解决一个问题：如何帮助实体店老板开一家赚一家？

如果你想要体验这款软件，那么你的竞争对手会不会也想体验这款软件呢？其他行业的老板们会不会也想要呢？

我们是不是可以制作一款这样的软件呢？做这款软件的初衷就是希望帮助全国1000万家实体店商家能够尽量摆脱没有客源、没有资金、没有团队的难题。

这款软件最大的特点是什么呢？

它是一款专门针对实体店商家开发客户的SaaS（软件即服务）系统。它除了拥有最基本的客户管理功能（如会员卡、积分、收银、优惠券、收入分析等），还针对实体店缺少客户的特点推出了客户裂变功能。

具体怎么裂变呢？

系统会根据店铺的会员消费情况筛选出最具有忠诚度的客户，把他们从消费者定位转向合伙人定位，方便店主进行邀约。此外，店主也可以邀约自己其他行业的朋友。

把这些人邀约过来干什么呢？

让他们成为共享店铺的名誉股东（共享股东），只要来消费就会有一定折扣（实现自消省钱、分享赚钱的目的）。此外，只要他们邀请朋友到店消费，就可以拿到一定的分红返点。

假设你开的是一家有特色的餐饮店，店铺的实际毛利率是50%，但你不想让名誉股东知道真实利润，就可以在系统里边设置毛利率为40%。只要你的名誉股东拉来一个朋友消费，就可以分走销售额的30%。

假设你的名誉股东上个月拉来了10个朋友进店消费，而且消费了1万元，那么你的名誉股东可以分到3000元。

而作为名誉股东，如果你的朋友来完成消费后，你可以大方地向他介绍，你是这家店的股东，也是联合创始人，顺便送他一张贵宾（VIP）卡，以后来消费一律按照八五折给予优惠，并且消费满一定额度后，凭贵宾身份可以行使股东特权，送出同等身份的八五折贵宾卡（只要消费者拿着这些贵宾卡进行消费，公司就会拿出消费额的5%奖励给共享股东）。

假设你作为名誉股东一年开发了100个贵宾卡客户，他们在店里消费了100万元，那么你就可以分到30万元。如果你的这100个贵宾卡客户帮你送出去1000张贵宾卡，并消费了1000

万元，那你从中就可以赚到50万元。两份收益相加，你一年之内就可以赚80万元。

假设你是餐饮店老板，你是否愿意给你的共享股东分红80万元？

当然愿意了，因为他一个人的努力就让你的餐饮店营收多了1100万元，请注意，这是在店铺原有营收的基础上多了1100万元，潜在的净利润也不会太少！

同样，名誉股东也很开心，他只是给朋友们推荐了一下你这家店，就额外赚了这么多钱！

那么问题来了，成为店铺的共享股东有什么条件呢？是不是人人都可以成为共享股东呢？

理论上来说，人人都可以成为公司的共享股东，不过实际上并不可能，因为它有一定的门槛。

假设一家餐厅的总投资是200万元，公司就可以试图招募100个共享股东，每个共享股东出资2万元，公司就可以收回投资的成本。从餐厅的角度来看，肯定是愿意的，因为风险成功转移给了其他人，自己不管赚多少都是净赚。

那共享股东为什么愿意来出这2万元资金呢？因为他们自己消费可以省很多钱，邀请朋友过来吃饭还可以赚很多分红。朋友再邀请他的朋友过来消费，共享股东依然可以享受一定比例的分红，何乐而不为呢？

而且公司可以给共享股东一年的犹豫期，如果一年后不想做共享股东了，这笔钱还可以退还给共享股东，这也让共享股东没有太多的后顾之忧。一年到期之后，共享股东决定不退出的话，这笔钱就到了公司账上，代表其已经认同公司的这种模式，有效期是永久的，除非公司倒闭。

我为什么会建议这个软件团队开发共享股东的系统软件呢？

因为我在最近一年来接待了两个其他创业团队，分别是美业领域和广告传媒领域的。

美业领域中的整形医院比较大的一笔开支就是广告费，只有在电台、公交车、网站等渠道不断投入广告费才能产生一部分客源。因此，整形医院看似毛利很高，实际上广告投入比例也很高。

不管怎样，整形医院在外界看来还是很赚钱的，很多人想要从中分一杯羹。可惜整形医院的投资实在太大了，少则几百万元，多则上千万元。

那么问题来了，现在你只需要10万元就有机会成为一家投资了上千万元的整形医院的共享股东，你想不想参与一下呢？

因为整形医院往往一台手术的价格就超过30万元，按照30%的提成比例计算，你介绍来一个大客户到医院消费就有望回本。只要每年引流吸引12个需要整形的朋友到医院做手术，拿到10万元以上提成是很轻松的。

　　从表面上看，只要整形医院能够找到合适的人来成为共享股东，这一定是双赢的事情，不过在落地的过程中还需要一点合适的话术。

　　这套模式不仅仅适用于美业领域，就算在广告传媒领域依然很有吸引力。

　　我有一位朋友看上了室内广告屏的业务，他们会将广告屏投放在人流量比较密集的室内，比如餐厅、游乐场、商场等，这跟传统的梯媒定位不同，也相对具有一定的优势。

　　举个例子，我们平时乘坐电梯的时间也就1分钟左右，有的广告时间长达30秒，乘坐一次电梯只能看到两个广告。而餐厅则不一样，很多餐厅的客户就餐时间会超过30分钟，客户吃一次饭可能会看到60个广告，或者10个广告轮番播放6次，客户吃一次饭就能无意识记住很多广告。

　　由于饭店不可能付费来购买广告屏，公司只能先购买一批广告屏免费放置在某些地方。其实投放屏幕的工作并不难，因为公司会给相应的场地一笔场地费用，广告越多，场地费用就越高。

　　公司当前最主要的问题就是缺少足够多的广告用户，怎么才能得到这些广告用户呢？这是一个问题。

　　试想一下，假设公司老板利用自己的人脉来开发一批共享股东，这些共享股东具有手握优质客户资源的优势，公司是不是立刻就不缺客户了？公司唯一需要做的就是分配好利润，只要利益足够诱人，而且不伤害共享股东的客户，合作是不是很容易建立？

如果这些共享股东的客户资源足够优秀，完全可以将共享股东转变为公司股东，定期享受相应比例的分红。

共享股东的商业模式容易设计，可是具体怎么实施呢？

它需要公司专门聘请相应的技术人员来根据实际情况定制相应的共享股东小程序。最少可能要投资50万元，多的话可能需要数百万元。

这并不是一笔小的投资，而且需要花费较长的时间来研发。因此，很多公司在了解了共享股东模式后迟迟没有动作，害怕浪费时间和金钱。

假设现在我们有一套万能的共享股东系统，是不是可以帮助公司解决客户太少的问题呢？假设这套系统的定价只需要3万元，你是否愿意尝试一下呢？

这套系统一旦研发成功，不仅可以大大降低准备采用共享股东模式公司的试错成本，还不需要浪费时间，随时可用。

可能还有人会疑问：软件研发成功之后该如何快速推广呢？

别忘了这是一套什么系统，它可以帮助其他公司采用共享股东模式，也可以帮助自己使用共享股东模式。

假设公司能在3年之内通过共享股东模式开发出10万个客户，那么公司一年的营收就可以达到30亿元，这是不是一个很不错的创业方向呢？

据笔者所知，截至2022年2月，至少有5家公司正在研发类似功能的软件系统。有的公司开发进度更快一点，已经开发出了1.0版本。如果你也想做，要抓紧时间了，不要错过这个大金矿。

介绍这个案例，主要是想让大家了解一下令人羡慕的共享股东模式，它具有快速裂变的特征，能够让缺少客户的店铺在短时间内拥有源源不断的客流量。